Osman Yagmur

Diversity Management und Teamentwicklung

Wie Unternehmen ein eigenes Diversity Management aufbauen

Bibliografische Information der Deutschen Nationalbibliothek:

Die Deutsche Nationalbibliothek verzeichnet diese Publikation in der Deutschen Nationalbibliografie; detaillierte bibliografische Daten sind im Internet über http://dnb.d-nb.de abrufbar.

Impressum:

Copyright © Studylab 2018

Ein Imprint der Open Publishing GmbH, München

Druck und Bindung: Books on Demand GmbH, Norderstedt, Germany

Coverbild: Open Publishing | Freepik.com | Flaticon.com | ei8htz

Inhaltsverzeichnis

Abbildungsverzeichnis

1 Einleitung

„Aktuell leben in Deutschland 8,5 Millionen Deutsche mit Migrationshintergrund und 7,2 Millionen Ausländer. Insgesamt haben über 16 Millionen Einwohner einen Migrationshintergrund im weiteren Sinn."[1]

Fast jeder 5. Deutsche hat also einen Migrationshintergrund und somit kann gesagt werden, dass die Vielfalt der Menschen ein fester Bestandteil von Deutschland ist. Außer der gesellschaftlichen Situation, haben wirtschaftliche Trends wie der demografische Wandel, die stetig wachsende Globalisierung der Märkte, der Wandel der Geschlechterrollen und der bedrohliche Fachkräftemangel einen beträchtlichen Einfluss auf den Arbeitsmarkt. Die Organisationen müssen sich heute sowie zukünftig mit diesen Themen beschäftigen und eine optimale und nachhaltige Lösung finden.[2] Diversity Management zeichnet sich hierbei durch die Entfaltung und optimale Implementierung der Vielfalt der Mitarbeiter aus, um die Wettbewerbsfähigkeit der Organisation zu steigern und das Wohlbefinden und die Wertschätzung unter den Mitarbeitern zu erhöhen.[3]

2006 wurde unter der Schirmherrin und Bundeskanzlerin Dr. Angela Merkel die "Charta der Vielfalt" gegründet. Die Organisationen, die sich der Institution anschließen, verpflichten sich für die Umsetzung der wichtigsten Grundsätze von Diversity Management. Dazu gehört das Voranbringen der Akzeptanz und Integration der Vielfalt in der Organisationskultur, die Schaffung von Arbeitsplätzen, die frei von Diskriminierungen sind, und wo Respekt unter den Mitarbeitern herrscht und Alter, Geschlecht, Ethnizität, Religion, Behinderung und sexuelle Orientierung keine Rolle spielen.[4]

Das Ziel dieser Bachelor Thesis ist, herauszufinden, welche Prozesse zur Implementierung von Diversity Management in Organisation gehören und wie Mitar-

---

[1] Statista GmbH, Statistiken und Umfragen zum Thema Migrationshintergrund, de.statista.com/themen/380/migrationshintergrund/, 13.06.16 10:00 Uhr

[2] Vgl. Sanchez Marin, Kirsten: Führungs(kräfte)aufgabe Diversity Management, in: Schwuchow, Karlheinz, Gutmann, Joachim (Hrsg.): Personalentwicklung. Themen, Trends, Best Practices 2014, Freiburg, 2013, S. 52–64

[3] Vgl. Franke, Uwe: Warum setzen deutsche Unternehmen auf Diversity? Diversity als Chance. Die Charta der Vielfalt der Unternehmen in Deutschland, in: Dettling, Daniel, Gerometta, Julia (Hrsg.): Vorteil Vielfalt. Herausforderungen und Perspektiven einer offenen Gesellschaft, Wiesbaden, 2007, S. 23–30

[4] Vgl. Gräfin von Hardenberg, Über die Charta, www.charta-der-vielfalt.de/charta-der-vielfalt/ueber-die-charta.html, Stand: 13.06.16 10:00 Uhr

beiter trotz ihrer Unterschiede zusammen als Team wachsen können und sowohl die Mitarbeiter als auch die Organisation davon profitieren. Der weitere Fokus besteht darin, zu ermitteln, ob Praxisbeispiele und konkrete Hilfswerkzeuge in der Fachliteratur zu finden sind, die dabei helfen, Diversity Maßnahmen direkt umzusetzen. Außerdem soll an dem Beispiel der Ford-Werke GmbH, als ein erfolgreiches und großes Unternehmen, die reale Umsetzung von Diversity Management analysiert werden und es soll aufgezeigt werden, welche Gemeinsamkeiten und Abweichungen in Bezug auf die Fachliteratur zu erkennen sind.

Zu Beginn werden die Begriffe Diversity und Diversity Management und deren Ziele erläutert. Danach wird auf den Ursprung von Diversity Management eingegangen und wie es nach Europa und vor allem nach Deutschland kam. Anschließend werden die Diversity Dimensionen genauer beleuchtet, die elementar sind und während der gesamten Bachelor Thesis immer wieder thematisiert werden.

Als nächstes werden die einzelnen Prozesse für die Implementierung von Diversity Management in Organisationen analysiert und konkrete Maßnahmen zur Umsetzung beschrieben.

Das 4.Kapitel setzt sich mit der Auswirkung der Implementierung von Diversity Management auf die Teamentwicklung in Organisationen auseinander. Dabei wird überprüft, welche Faktoren die Teamleistung beeinflussen und welche konkreten Methoden genutzt werden können, damit ein Team zusammenwächst und sein vielfältiges Potenzial optimal entfalten kann.

Zum Schluss wird der Umsetzung von Diversity Management bei der Ford-Werke GmbH nachgegangen und aus den gewonnenen Erkenntnissen der Bachelor Thesis ein Fazit gezogen.

2 Grundlagen und Definitionen von Diversity Management

2.1 Diversity

Der meistverwendete Begriff für Diversity ist im Deutschen "Vielfalt". Synonyme wie "Diversität" oder "Heterogenität" kommen in der Fachliteratur auch vor, doch eine konkrete und endgültige Definition wird nicht gegeben. Hinter Diversity stecken die unterschiedlichen und gemeinsamen Merkmale von Menschen. Im Kapitel 2.3 werden anhand der Diversity Dimensionen die zu unterscheidenden Merkmale genau beschrieben.[5] Ursprünglich wurde Diversity auch als "Andersartigkeit" definiert und war negativ behaftet. Heute wird es wertfrei bzw. positiv betrachtet.[6]

2.2 Diversity Management

Das Diversity Management hat, wie in der Einleitung beschrieben, das Ziel, die Vielfalt aller Mitarbeiter in der Organisation zu entfalten und optimal einzusetzen. Es kann als Wettbewerbsmodell, Organisationsentwicklungsmodell und als Gesellschaftsmodell betrachtet werden. Im Wettbewerb ist es für die Organisation von Bedeutung, dass die Mitarbeiterstruktur aufgrund des demografischen Wandels neu überdacht wird. Vielfältige Teams haben eine kreativere und solidere Lösungsfindung und der Umgang mit Kundenwünschen ist besser, wenn die Mitarbeiterstruktur die Kundenstruktur widerspiegelt. Außerdem erhöhen sich die Möglichkeiten der Einstellung qualifizierter Mitarbeiter durch das Ansprechen diverser Gruppen und die Organisation kann agiler auf Veränderungen reagieren. Der Organisationsentwicklung verhilft das Diversity Management zu einem besseren Image und vor allem zu einer höheren Identifikation von Mitarbeitern mit der Organisation. Gesellschaftlich gesehen soll Diskriminierung vermieden werden und stattdessen Wertschätzung, Fairness und Respekt willkommen geheißen werden. In ökonomischer Hinsicht verspricht sich die Organisation durch das Diversity Management natürlich einen höheren Umsatz und niedrigere Kosten.[7]

---

[5]   Vgl. Steuer, Linda: Gender und Diversity in MINT-Fächern. Eine Analyse der Ursachen des Diversity-Mangels, Wiesbaden, 2015, S. 3–6

[6]   Vgl. Watrinet, Christine: Indikatoren einer diversity-gerechten Unternehmenskultur, Karlsruhe, 2008, S. 9–14

[7]   Vgl. Klammer, Ute; Ganseuer, Christian: Diversity Management. Kernaufgabe der künftigen Hochschulentwicklung, Münster, New York, 2015, S. 11–14

2.2.1 Ursprung in den USA

Der Ursprung des Diversity Managements liegt in den sozialen Protesten der Bürgerrechtsbewegung in den USA. Diverse Minderzahlgruppen starteten aus unterschiedlichen Beweggründen in den in den 1950er, 1960er und 1970er Jahren ihren Kampf gegen die Diskriminierung in der Gesellschaft. Ab den 1960er Jahren wurden zahlreiche Organisationen gegründet wie die National Organization for Women, die Grey Panthers oder das American Indian Movement. Organisationen, die für die Rechte afroamerikanischer Menschen und Frauenrechte standen, die gegen Altersdiskiminierung vorgingen, die sich für Schwule und Lesben einsetzten und andere Organisationen, die sich für die Vielfalt der Menschen engagierten.

Als Grundlage des gesetzlichen Kampfes gegen Diskriminierung auf der Basis von Religion, Geschlecht, Rasse, Hautfarbe oder nationaler Herkunft, gilt der 1964 verabschiedete Title VII of the Civil Rights. Das führte zur Gründung der Equal Employment Opportunity Commission. Diese beobachtet und ahndet bis heute Verstöße gegen verschiedene landesweite Gesetze zur Förderung der Chancengleichheit. Ende der 1960er Jahre wurden Arbeitgeber durch Forderungen nach Affirmative Action Plans unter Druck gesetzt. Hierbei sollten die in der Vergangenheit benachteiligten Gruppen bewusst bevorzugt werden. Die Kontrolle von numerischen Zielwerten führte oft zur Festlegung von Minderheitenquoten wie z.B. bei der Einstellung und der Beförderung von Mitarbeitern, obwohl in den Anforderungen der Regierung nie konkret von Quotenregelungen die Rede war.

In den 1980er Jahren gerieten Arbeitgeber durch gesetzliche Verpflichtungen, die Chancengleichheit aller Beschäftigten zu fördern, unter Druck und es gab durch die Bürgerrechtsbewegung ethisch-moralische Begründungen. Zu diesem Zeitpunkt begann auch die Entwicklung von Diversity Management, woran unterschiedliche Personen beteiligt waren. Hierzu gab es einige Grundlagen, die zur Entstehung von Diversity Management beigetragen haben. Viele Unternehmen hielten die gesetzlichen Mindestanforderungen ein, aber echte Fortschritte im Bereich der Gleichberechtigung erzielten sie nicht. Aktivisten der Minderheitsgruppen waren mit der langsamen Umsetzung der erzielten Veränderungen durch Equal Employment Opportunity und Affirmative Action nicht zufrieden und erkannten die vielfältigen Verknüpfungen zwischen Sexismus, Rassismus und anderen Ausprägungen von Diskriminierung. In Unternehmen wurde die Methode der Organisationsentwicklung als Möglichkeit zur Durchsetzung von Chancengleichheit zunehmend genutzt. Ergänzend kamen Trainingsmaßnahmen wie die Bildung von Teams und Konfliktlösungsstrategien dazu.

Unternehmen hatten den Wunsch rechtzeitig und proaktiv auf demografische Veränderungen zu reagieren. Ökonomische Aspekte der Chancengleichheit wie Kostenreduktion oder Wettbewerbsvorteile rückten immer mehr in den Vordergrund. Die Ansichten veränderten sich. Vorher wurde gegen die Diskriminierung vorgegangen, doch der neue Ansatz bestand darin interkulturelle Kompetenzen gezielt zu nutzen. Diversity-Management-Pioniere wie Taylor Cox Jr., Roosevelt Thomas Jr. oder Judy Rosener entwarfen deshalb ihre eigenen Konzepte mit denen Unternehmen durch Diversity Management auf die demografischen Veränderungen reagieren können.

Durch die Veröffentlichung des Houston Reports Workforce 2000 erhielt das Diversity Management einen neuen Schwung. In dem Bericht ging es um die Veränderung auf dem amerikanischen Arbeitsmarkt und um die Kernprognose, dass der Anteil weißer Männer an der Erwerbsbevölkerung stark abnehmen werde und das große Potenziale zunehmend innerhalb der Minderheitengruppen zu finden werden sei. Gestützt auf dieser Prognose wandten sich Anfang der 1990er Jahre vor allem die Organisationen dem Diversity Management zu, die Angst vor Arbeitskräftemängel hatten und gleichzeitig mit der verstärkten personellen Vielfalt umgehen wollten. Bis heute ist Diversity Management in den USA ein wahrer Erfolg. Am Anfang stiegen nationale Konsumgüterhersteller und Dienstleistungsunternehmen ein und später auch Non-Profit-Organisationen, kleine und mittelständische Unternehmen, Beratungsunternehmen, die öffentliche Verwaltungen und Universitäten.[8]

2.2.2 Diversity Management in Europa und Deutschland

In Europa kann Diversity Management auf den Artikel 13 des Amsterdamer Vertrages zurückgeführt werden. Dieser stattet die Europäische Union mit weitreichenden Befugnissen aus, damit die Diskriminierung in all ihren Facetten bestmöglich bekämpft wird. Die Rechtsvorschriften gegen Diskriminierung und Belästigung am Arbeitsplatz beruhen auf dieser Grundlage. Damit alle Unionsbürger am Arbeitsplatz die gleichen Chancen haben, reichen aber Rechtsvorschriften allein nicht aus. Gezielte Maßnahmen und eine dementsprechende Unternehmens-

---

[8]   Vgl. Vedder, Günther: Die historische Entwicklung von Diversity Management in den USA und in Deutschland, in: Krell, Gertraude, Wächter, Hartmut (Hrsg.): Diversity Management. Impulse aus der Personalforschung, München, Mering, 2006, S. 3–6

und Personalpolitik sind erforderlich, damit alle Beteiligten in einer Organisation die Vorteile der Vielfalt der Mitarbeiter erkennen.[9]

In der Europäischen Union ist Diversity Management am stärksten in multinationalen Unternehmen wie Microsoft, Coca Cola und IBM vertreten. Aber auch europäische Unternehmen wie Adidas, Deutsche Bank und KLM kommen bei der Integration von Diversity Management voran. Kleine und mittelständische Unternehmen steigen langsam mit ein. In Europa ist Diversity Management nicht nur in Profit Organisationen angekommen, sondern auch in anderen Organisationsformen.

Heute ist es für kommunale Institutionen und viele Regierungen in der Europäischen Union handlungsleitend. Um die Vielfalt zu fördern und umzusetzen, wurde auf der europäischen Ebene eine Plattform eingerichtet, die den Austausch zwischen Organisationen in der Europäischen Union ermöglicht. Das Ziel dieser Plattform ist es, freiwillige Initiativen zu unterstützen, die Diversity Management in Unternehmen fördern.[10]

Der erste deutschsprachige Artikel über Diversity Management erschien 1993 und das erste deutsche Sammelband 1994. Die bekannte deutsche Betriebswirtin Gertraude Krell führte 1996 mit ihrem Beitrag "Mono- oder multikulturelle Organisationen? Managing Diversity auf dem Prüfstand" die Diversity-Management-Grundlagen aus den USA endgültig in den deutschen Forschungskontext ein. Zu den ersten wissenschaftlichen Veröffentlichungen begann in Deutschland zeitgleich die Deutsche Gesellschaft für Personalführung sich mit einer Partnerorganisation für Diversity Management wichtige Themen zu befassen. Gemeinsam führten sie in den letzten Jahren diverse Erhebungen durch. Unternehmensberater führten in den 1990er Jahren ebenfalls Diversity Management in den deutschen Beratungsmarkt ein. Die ersten Konferenzen zum Thema Diversity Management, fanden 1998 statt, wo auch Taylor Cox Jr. anwesend war. Seitdem kommen anerkannte Wissenschaftler aus den USA und internationale Diversity Manager regelmäßig nach Deutschland.

---

[9] Vgl. Franken, Swetlana: Personal: Diversity Management. Wiesbaden, 2015, S. 39

[10] Vgl. Bendl, Regine, Hanappi-Egger, Edeltraud, Hofmann, Roswitha: Diversität und Diversitätsmanagement: Ein vielschichtiges Thema. In: Bendl, Regine, Hanappi-Egger, Edeltraud, Roswitha Hofmann (Hrsg.): Diversität und Diversitätsmanagement, Wien, 2012, S. 13–14

Mittlerweile kommen jährlich unterschiedliche Diversity-Management-Forscher und –Anwender zusammen, um ihre Erfahrungen und Erkenntnisse auf Fachtagungen und Konferenzen austauschen. 2001 fand die erste Diversity Weiterbildung statt, die von dem Institut für Kirche und Gesellschaft der Evangelischen Kirche von Westfalen und der Frauenstudien an der Universität Dortmund angeboten wurden. Zeitgleich zu den Unternehmensberatern und Wissenschaftlern starteten auch deutsche Unternehmen in den 1990er Jahren mit Diversity Management. Die ersten Unternehmen, die mit der Implementierung anfingen, waren internationale Unternehmen wie Ford, Daimler Benz, Microsoft und die Lufthansa AG.[11]

Eine wichtige Grundlage für das Diversity Management in Organisationen bildet das seit 2006 fest verankerte Antidiskriminierungsgesetz, wo im §1 Abschnitt 1 des Allgemeinen Gleichbehandlungsgesetz geschrieben steht:[12] „Ziel des Gesetzes ist, Benachteiligungen aus Gründen der Rasse oder wegen der ethnischen Herkunft, des Geschlechts, der Religion oder Weltanschauung, einer Behinderung, des Alters oder der sexuellen Identität zu verhindern oder zu beseitigen."[13]

2.3 Diversity Dimensionen

Diversity ist in der Fachliteratur wie erwähnt nicht fest definiert. So wurde es in der Anfangszeit in "sichtbare Unterschiede" und "nicht sichtbare Unterschiede" unterteilt. Heute ist das Modell "Four Layers of Diversity" weitverbreitet und ist, wie der Name schon sagt, in 4 Ebenen aufgeteilt. Die Persönlichkeit steht dabei im Mittelpunkt. Die äußeren Ebenen sind aufgeteilt in innere Dimensionen, äußere Dimensionen und organisationale Dimensionen. In diesem Kapitel werden die inneren Dimensionen genauer erläutert, da sie elementar für diese Bachelor Thesis sind und immer wieder thematisiert werden. Ab dem 3.Kapitel werden die Diversity Dimensionen öfter erwähnt und werden an erster Stelle auf die inneren Dimensionen bezogen.[14]

---

[11] Vgl. Vedder, Günther: Die historische Entwicklung von Diversity Management in den USA und in Deutschland, in: Krell, Gertraude, Wächter, Hartmut (Hrsg.): Diversity Management. Impulse aus der Personalforschung, München, Mering, 2006, S. 7–9

[12] Vgl. Klammer, Ute; Ganseuer, Christian: Diversity Management. Kernaufgabe der künftigen Hochschulentwicklung, Münster, New York, 2015, S. 14–16

[13] S. §1 Abschnitt 1 AGG

[14] Vgl. Ditzel, Ulrike, Das Diversity Management in Deutschland, Hamburg, 2015, S. 14–16

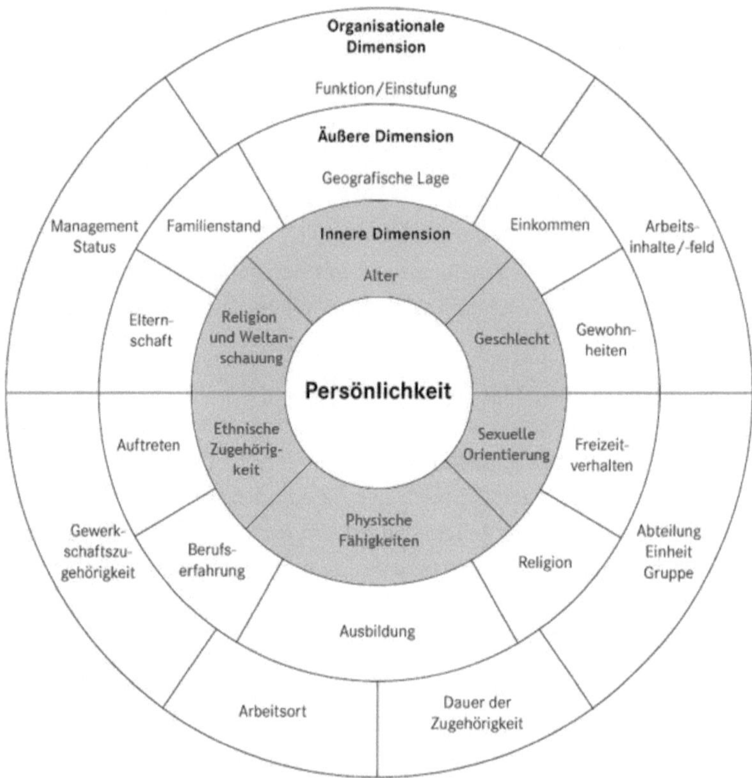

Abbildung 1: Four Layers of Diversity
Quelle: Gräfin von Hardenberg, Über die Charta, www.charta-der-vielfalt.de/charta-der-vielfalt/ueber-die-charta.html, Stand: 13.06.16 10:00 Uhr

2.3.1 Dimension Alter

Durch den demografischen Wandel ändern sich gleichzeitig auch die Strukturen der Arbeitswelt. Gerade die Diversity Dimension "Alter" ist in Deutschland ein wichtiges Thema, mit dem sich die Organisationen beschäftigen müssen. In der Vergangenheit ging der Trend in Richtung Frühverrentung der Mitarbeiter. Mittlerweile sollen sie länger und intensiver erwerbstätig bleiben. Die Beschäftigten können heute ohne finanzielle Einbußen nicht mehr in die Frührente gehen. Die Herausforderungen für die Organisationen werden in der Zukunft somit das Altern der Mitarbeiter, der Mangel an Nachwuchskräften und Verluste von betriebsrelevantem Erfahrungswissen sein, da eine große Gruppe einer Generation fast zeitgleich in die Rente gehen wird und diese mit neuen jungen Mitarbeitern ausgeglichen werden muss. Damit eine Organisation sich gut auf diese Herausforderung vorbereiten kann, gibt es das Altersmanagement. Hier gilt es, die Dimension "Alter" mit der Personalpolitik zu verknüpfen.

In einem europäischen Forschungsprojekt wurden von 2005 bis 2007 in insgesamt 20 Ländern der Europäischen Union in Organisationen Erhebungen durchgeführt, in denen es um Möglichkeiten und Lösungen zu einer intensiveren und längeren Einbindung von älteren Mitarbeitern im Erwerbsleben ging. Dabei haben sich die Handlungsfelder Rekrutierung, Betriebliche Gesundheitsförderung, Kompetenzentwicklung, Wissensmanagement, Laufbahngestaltung, Arbeitszeitgestaltung, Arbeitsorganisation und Bewusstseinswandel für das Altersmanagement als relevant herauskristallisiert. Außerdem kam heraus, dass 3 Aspekte im Altersmanagement besonders wichtig sind. Die Mitarbeiter dürfen wegen ihres Alters nicht diskriminiert werden, Arbeitsprozesse sollen so ausgerichtet werden, dass die Mitarbeiter bis ins hohe Erwerbsalter gesund und motiviert arbeiten können und das Altersmanagement soll so gestaltet werden, dass auch die Organisation Vorteile genießt. Um das Altersmanagement langfristig und nachhaltig zu gestalten, gibt es Umsetzungsstrategien. Es beginnt mit der Altersstrukturanalyse. Danach folgen konkrete Umsetzungsmaßnahmen, die die Kooperation, Beteiligung und Nachhaltigkeit der Besetzung der Mitarbeiter fördern sollen und zuletzt kommt die Evaluation zum Einsatz. Vorbildliche Beispiele für die Umsetzung in der Praxis sind die Wertschätzung der Kompetenzen, weniger Fehlzeiten, größere Arbeitszufriedenheit, höhere Wertschätzung von Erfahrungen, Kostenreduktion, erhöhte Produktivität und Umsetzung von Gleichbehandlung.[15]

Bei der Dimension "Alter" geht es nicht nur um ältere Mitarbeiter. Auch junge Menschen spielen dabei eine große Rolle. Die Anforderungen der jungen Generation und die Teamarbeit in gemischten Altersgruppen in den Organisationen sind genauso wichtig. Im Zentrum des Personalbereichs stehen sowohl die jüngere als auch die ältere Generation. Bei der jungen Generation konzentrieren sich die Organisationen auf die Aufstiegs- und Beschäftigungschancen. Die Personen sind mit dem Internet und Social Media aufgewachsen und sie stellen damit ganz neue Anforderungen an die Arbeitswelt. Sie wünschen sich eine klare Kommunikation,

---

[15] Vgl. Sporket, M.: Altersmanagement in der betrieblichen Personalpolitik, in: Badura, Bernhard, Schröder, Helmut, Klose, Joachim, Macco, Katrin (Hrsg.): Fehlzeiten-Report 2010. Vielfalt managen: Gesundheit fördern - Potenziale nutzen. Zahlen, Daten, Analysen aus allen Branchen der Wirtschaft, Berlin, Heidelberg, 2010, S. 163–173

einen Ausgleich von Beruf und Freizeit und einen aufgeschlossenen Führungsstil. Lösungen hierfür können Maßnahmen zur Work-Life-Balance wie flexible Arbeitsorte und flexible Arbeitszeiten sein oder mehr Autonomie in Unternehmen und mehr Freiräume. Wenn es um die Kooperation der altersgemischten Teams geht, stehen der Respekt untereinander und der Erfahrungsaustausch im Fokus. Durch Mentoringprogramme können gemischte Teams realisiert werden.[16]

2.3.2 Dimension Geschlecht

Es kann festgehalten werden, dass das Diversity Management in Bezug auf die Dimension "Geschlecht" die Erweiterung der Frauenförderung ist. Während bei der Frauenförderung das weibliche Geschlecht als das benachteiligte Geschlecht dargestellt wird und die Männer nicht berücksichtigt werden, geht es bei Diversity Management um das Erkennen und die Förderung des Potenzials beider Geschlechter. Männer und Frauen sollen nicht als Stereotypen angesehen werden. Ihre Kompetenzen und ihr Wissen sollen erkannt und optimal eingesetzt werden.[17]

Außerdem geht es bei der Dimension "Geschlecht" um die Familienfreundlichkeit in der Organisation und die Förderung von Frauen in Führungspositionen. Durch die politische Auseinandersetzung um die Frauenquote in den Organisationen, ist dieses Thema erst richtig bekannt geworden. In Deutschland sind junge Frauen sehr gut qualifiziert und karriereorientiert, doch gibt es immer noch Probleme für sie, in Führungspositionen aufzusteigen. Laut der Studie "Frauen im Management 2013" sind nur 21 % der Frauen in den Unternehmen im Top- und Mittelmanagement. Lösungen hierfür können Netzwerke, sowie Mentoringprogramme und Weiterbildungen sein, die für Frauen angeboten werden. Bei der Dimension "Geschlecht" geht es, wie anfangs erwähnt, nicht nur um die Frauen, sondern auch um Männer. Immer mehr Männer gehen in die Elternzeit und nehmen somit an der Kinderbetreuung teil und beziehen Elterngeld. Dies ist dank der aktuellen Familienpolitik möglich.[18]

---

[16] Vgl. Franken, Swetlana: Personal: Diversity Management. Wiesbaden, 2015, S. 26–27

[17] Vgl. Krell, Gertraude: Chancengleichheit durch Personalpolitik: Von "Frauenförderung" zu "Diversity Management", in: Krell, Gertraude (Hrsg.): Chancengleichheit durch Personalpolitik. Gleichstellung von Frauen und Männern in Unternehmen und Verwaltungen. Rechtliche Regelungen – Problemanalysen - Lösungen, 3. Auflage, Wiesbaden, 2001, S. 17–33

[18] Vgl. Franken, Swetlana: Personal: Diversity Management. Wiesbaden, 2015, S. 28–29

Weitere Ziele für die Implementierung der Chancengleichheit sind der leichtere Zugang für Frauen in Arbeitsbereiche, die bis jetzt von Männern dominiert wurden, Verbesserung der Vereinbarkeit von Beruf und Privatleben für beide Geschlechter und die Reduzierung von Diskriminierung am Arbeitsplatz und Gehaltsunterschieden gegenüber Frauen.[19] Es gibt leider immer noch große Gehaltsunterschiede und Diskrepanzen bei den Aufstiegschancen von Frauen und Männern. Je nach Arbeitsfeldern unterscheiden sich die Gehälter bis zu 30 %.[20]

Damit die Organisation diese Ziele auch erfüllen kann, kann das Gleichstellungscontrolling eingesetzt werden, um zu prüfen, wo sich die Organisation in Bezug auf die Diversity Dimension "Geschlecht" zur Zeit befindet, welche Ziele sie genau verfolgen möchten, was am Ende umgesetzt wird und was auch wirklich eingehalten wird. Das Ziel der Chancengleichheit gehört von Anfang an in die Organisationsziele. Danach kann für den Soll-Ist-Zustand eine Mitarbeiterbefragung durchgeführt werden, um herauszufinden wie die Chancengleichheit aktuell integriert ist. Wenn Verbesserungspotenzial besteht, kommen die passenden Diversity Instrumente zum Einsatz, die im Kapitel 3.5.2 erläutert werden. Wie bei allen Diversity Dimensionen ist die interne Kommunikation und Verbreitung der Offenheit gegenüber der Vielfalt am wichtigsten.[21]

2.3.3 Dimension Ethnizität

Bei der Dimension "Ethnizität" geht es um die Vielfalt der geographischen Herkunft, den Respekt und die Wertschätzung untereinander, Hintergründe der Mitarbeiter und Maßnahmen zur Steigerung des Einfühlungsvermögens. Dieses Thema ist vor allem in Deutschland sehr wichtig, da hier eine hohe kulturelle Diversität vorhanden ist. Jeder fünfte Mensch hat einen Migrationshintergrund.

---

[19] Vgl. Krell, Gertraude: Chancengleichheit durch Personalpolitik: Von "Frauenförderung" zu "Diversity Management", in: Krell, Gertraude (Hrsg.): Chancengleichheit durch Personalpolitik. Gleichstellung von Frauen und Männern in Unternehmen und Verwaltungen. Rechtliche Regelungen – Problemanalysen - Lösungen, 3. Auflage, Wiesbaden, 2001, S. 17–33

[20] Vgl. Misch, B., Koall, I.: Die Integration von Gender und Diversity Management im Betrieblichen Gesundheitsmagement - Ansätze zur Implementierung eines Gender- und Diversitygerechten Betrieblichen Gesundheitsmanagement, in: Badura, Bernhard, Schröder, Helmut, Klose, Joachim, Macco, Katrin (Hrsg.): Fehlzeiten-Report 2010. Vielfalt managen: Gesundheit fördern - Potenziale nutzen. Zahlen, Daten, Analysen aus allen Branchen der Wirtschaft, Berlin, Heidelberg, 2010, S. 207–214

[21] Vgl. Krell, Gertraude: Chancengleichheit durch Personalpolitik: Von "Frauenförderung" zu "Diversity Management", (FN 19), S. 17–33

Die Märkte und Kunden der deutschen Unternehmen werden immer facettenreicher und internationaler. Somit wurde auch das Potenzial der Mitarbeiter mit verschiedenen kulturellen Herkünften erkannt, die gerade durch ihre Kultur- und Sprachkenntnisse die Unternehmen zu neuen Märkten und Kunden bringen können. Dieses Potenzial wird unter anderem mit interkulturellen Communities genutzt. Die Teilnehmer tauschen ihre Erfahrungen, Interessen und Ideen untereinander aus und können den Unternehmen zusätzlich durch nützliche Vorschläge helfen. Beispiele dafür wären Anregungen zu Produktinnovationen, Marktstrategien oder Kundenansprachen. Die Voraussetzung hierfür ist die Integration der Diversity Dimension "Ethnizität" in der Unternehmenskultur. Wichtig ist hier die Offenlegung und breite Kommunikation der kulturellen Vielfalt. Dies kann durch Maßnahmen zur Steigerung des Einfühlungsvermögens und spezielle interkulturelle Workshops gefördert werden.[22]

Bei einer Studie der Jahre 2007 bis 2008 wurden 500 Berliner Organisationen zur betrieblichen Integration von Personen mit Migrationshintergrund befragt. Es wurden verschiedene Punkte ausgewertet, doch es wird in der Diversity Dimension "Ethnizität" nur darauf eingegangen, warum die Organisationen die Personen mit Migrationshintergrund beschäftigen. Bei der Studie kam heraus, dass die Mitarbeiter hauptsächlich wegen ihrer Sprachkenntnisse eingestellt wurden. Andere Gründe waren Bekennung zur Internationalität, Landes- und Kulturkenntnisse und Kunden mit demselben Migrationshintergrund. Ein positives Beispiel von einer Bank, die befragt wurde, ist, dass eine Mitarbeiterin mit türkischer Herkunft in einem Bezirk eingesetzt wird, wo viele Menschen mit türkischen Wurzeln leben. So hat sie schnell einen sehr großen Kundenkreis aufgebaut und konnte im Gegensatz zu ihren anderen Kollegen, die diese Kundengruppe nicht so bedienen konnten wie sie, davon persönlich und finanziell profitieren. Die Bank hatte mit diesem Einsatz einen klaren Wettbewerbsvorteil zu anderen Banken aus der Nähe. Dies ist ein gelungenes Beispiel für die erfolgreiche Umsetzung der Dimension "Ethnizität".[23]

---

[22] Vgl. Franken, Swetlana: Personal: Diversity Management. Wiesbaden, 2015, S. 29–30

[23] Vgl. Ortlieb, R., Sieben, B.: Beschäftigte mit Migrationshintergrund in der Berliner Wirtschaft: Empirische Befunde zu Personalstrukturen, -praktiken und –strategien, in: Badura, Bernhard, Schröder, Helmut, Klose, Joachim, Macco, Katrin (Hrsg.): Fehlzeiten-Report 2010. Vielfalt managen: Gesundheit fördern - Potenziale nutzen. Zahlen, Daten, Analysen aus allen Branchen der Wirtschaft, Berlin, Heidelberg, 2010, S. 121–127

2.3.4 Dimension Religion

Bei der Dimension "Religion" geht es um die Wertschätzung, Berücksichtigung und Anerkennung der verschiedenen Religionen der Mitarbeiter in den Unternehmen. Durch die steigende kulturelle Diversität steigt auch die Anzahl der Glaubensrichtungen. In Deutschland sind der Katholizismus, das Evangelismus, der Islam, das Judentum, der Buddhismus, der Hinduismus und der Atheismus vertreten. In der prozentualen Verteilung gibt es laut dem statistischen Bundesamt ca. 30 % Katholiken, 30 % evangelische Christen und mehr als 30 % Menschen mit einer anderen bzw. ohne eine Glaubensrichtung. Außerdem leben hier ca. 4 Millionen Muslime mit Migrationshintergrund. Somit wird die Bedeutung der Dimension "Religion" erst richtig deutlich. In Unternehmen treffen Mitarbeiter mit unterschiedlichen Glaubensrichtungen aufeinander, wobei es zu Meinungsverschiedenheiten und Konflikten kommen kann. Um Demotivation und Unzufriedenheit zu verhindern, sollte das Unternehmen die religiösen Aspekte der Mitarbeiter beachten und fördern. Lösungen hierfür können die Einrichtung von Gebetsräumen sein, ein vielseitiges Essensangebot in der Kantine, wo beispielsweise Gerichte ohne Schweinefleisch oder koschere Gerichte angeboten werden, oder die Berücksichtigung der religiösen Feiertage, wobei das Unternehmen speziell bei der Urlaubsplanung darauf achtet die religiösen Bedürfnisse seiner Mitarbeiter zu berücksichtigen. Diese Maßnahmen sollen den Respekt und die Wertschätzung untereinander fördern.[24]

2.3.5 Dimension Behinderung

Allein der demografische Wandel stellt schon eine Herausforderung für die Organisationen dar. Der dadurch entstehende Druck auf dem Arbeitsmarkt erschwert es Menschen mit Behinderung zusätzlich eine Beschäftigung zu erlangen. Die Folgen sind Arbeitslosigkeit und Frührente. 2006 lag die Beschäftigungsquote behinderter Menschen im Gegensatz zu nicht behinderten Menschen bei der Hälfte und ihre Arbeitslosenquote war doppelt so hoch. Die Kombination von einer Behinderung und einem hohen Alter stellt ein erhebliches Problem am Arbeitsmarkt dar. Die häufigste Ursache für die Frühberentung sind psychische Erkrankungen. Laut den Krankenkassen steigt die Tendenz stetig an. Die Organisationen müssen also zukünftig präventiv dagegen vorgehen.

---

[24] Vgl. Franken, Swetlana: Personal: Diversity Management. Wiesbaden, 2015, S. 30–31

Dafür wurde 2004 von Gesetzgebern das betriebliche Eingliederungsmanagement ins Leben gerufen, das im Sozialgesetzbuch verankert ist. Dadurch soll die berufliche Teilhabe von behinderten Menschen am Arbeitsplatz gesichert werden. Dieses Gesetz soll dafür sorgen, dass sich Arbeitgeber früh genug um Maßnahmen zur Förderung, Erhaltung und Wiederherstellung der Arbeitsfähigkeit der Mitarbeiter kümmern. Laut einer Studie, die von 2006 bis 2007 im Auftrag von dem Bundesministerium für Arbeit und Soziales durchgeführt wurde, ist das betriebliche Eingliederungsmanagement größtenteils nur in großen Organisationen bekannt. Die Hälfte der großen Organisationen kannte es, wohingegen es nur bei 30% der kleineren Organisationen bekannt war. Es steckt noch viel Potenzial bei den Arbeitgebern, wenn es um präventive Maßnahmen geht. Dazu können sie sich auch externe Unterstützung bei der Umsetzung des betrieblichen Eingliederungsmanagements holen. Das können beispielsweise Krankenkassen, die Agentur für Arbeit oder die Rentenversicherung sein.[25]

Zuletzt geht es bei der Dimension "Behinderung" auch um die Chancengleichheit zwischen behinderten und nicht behinderten Menschen und um eine angemessene Gestaltung des Arbeitsplatzes. Wenn alle Voraussetzungen gegeben sind und die Organisation es aktiv fördert, können sich behinderte Menschen sehr motiviert und mit einer hohen Leistung einbringen. Wie bei allen Diversity Dimensionen sind auch hier die Wertschätzung und der Respekt unter den Mitarbeitern sehr wichtig, egal ob behindert oder nicht behindert.

2.3.6 Dimension sexuelle Orientierung

Bei der Dimension „sexuelle Orientierung" geht es um Chancengleichheit, Wertschätzung und Offenheit gegenüber Lesben, Schwulen, Bisexuellen und Transgender, die im Unternehmen beschäftigt sind. Mit dieser Dimension beschäftigen sich die Organisationen meistens nicht. Es wird eher dem Privaten zugeordnet. Obwohl Deutschland ein offenes und tolerantes Land ist, gibt es immer noch Vorurteile gegenüber homosexuellen Menschen. Vor allem bei der älteren Generation. Die Offenheit und Akzeptanz ist bei der jungen Generation höher. Wenn sich nun ein Unternehmen für dieses Thema öffnet, fördert es die Motivation der Mitarbei-

---

[25] Vgl. Niehaus, M., Vater, G.: Aktueller Stand der Umsetzung des Betrieblichen Eingliederungsmanagement, in: Badura, Bernhard, Schröder, Helmut, Klose, Joachim, Macco, Katrin (Hrsg.): Fehlzeiten-Report 2010. Vielfalt managen: Gesundheit fördern - Potenziale nutzen. Zahlen, Daten, Analysen aus allen Branchen der Wirtschaft, Berlin, Heidelberg, 2010, S. 189–195

ter und es besteht dadurch die Möglichkeit zusätzliche Märkte und Kunden zu gewinnen.[26]

---

[26] Vgl. Franken, Swetlana: Personal: Diversity Management. Wiesbaden, 2015, S. 31–32

3 Implementierung von Diversitätsmanagement in Organisationen

3.1 Verbreitung der Implementierung von Diversity Management

Zur Implementierung von Diversity Management in Deutschland wurde 2005 eine empirische Studie durchgeführt, in der im 1.Schritt 12 Experten dazu befragt wurden, was für Maßnahmen es überhaupt gibt, um Diversity Management in einer Organisation bzw. in einem Unternehmen zu implementieren. Dies musste zuerst durchgeführt werden, da es in der Fachliteratur bis zu diesem Zeitpunkt noch keine Erkenntnisse dazu gab. Aus der ersten Befragung entstand ein Maßnahmenkatalog mit 13 Maßnahmen wie beispielsweise Mentoringprogramme, Beratungsangebote für Minderheitengruppen, Verankerung von Diversity in der Unternehmenskultur oder gemischte Teams. Mit diesem Katalog wurden im 2.Schritt 210 Unternehmen befragt, ob sie Diversity Management implementiert haben und wenn ja, mit welcher Intensität die jeweilige Maßnahme aus dem Katalog Bestandteil in ihrem Unternehmen ist, was für einen Einfluss es auf die Implementierung des Diversity Management hat und was die Unternehmen für einen subjektiv eingeschätzten Nutzen im Diversity Management sehen. Die Unternehmen, die befragt wurden, waren deutsche Unternehmen, die an der Börse notiert sind und amerikanische Unternehmen mit deutscher Niederlassung. Etwa 19 % der insgesamt 210 Unternehmen hatten am Ende an der Befragung teilgenommen, aber es waren trotzdem alle Kategorien der Börsenindizes und der amerikanischen Unternehmen dabei.

Bei der Auswertung kam heraus, dass ca. 39 % der Unternehmen, die an der Befragung teilgenommen hatten, Diversity Management in ihrem Unternehmen implementiert hatten, ca. 19 % Prozent es kannten, aber noch nicht implementiert hatten und ca. 42 % das Konzept überhaupt nicht kannten und aus diesem Grund noch nicht implementiert hatten. Die Erhebung zeigt, dass Diversity Management in Deutschland noch nicht selbstverständlich und weiterverbreitet ist in Deutschland. Trotzdem steigt die Verbreitung von Diversity Management seit 1998 in Unternehmen an. Auch die Fachliteratur zu diesem Thema nimmt zu. Bei der Auswertung kam auch heraus, dass meist die großen Unternehmen Diversity Management implementiert haben. Es wird vermutet, dass mit steigender Mitarbeiteranzahl auch der Anteil der Mitarbeiter, die sozialen Minderheiten angehören, steigt. Zuletzt hat sich bei der Studie ergeben, dass 70 % der Unternehmen, die ursprünglich aus den USA kommen, Diversity Management ausüben. Im Gegensatz dazu haben es nur ca. 26 % der deutschen Unternehmen integriert.[27]

3.2 Strategisches Management

Die Auseinandersetzung mit der Vielfalt der Mitarbeiter, der Kunden und den Märkten ist für Unternehmen und Organisationen eine Herausforderung. Von der Theorie bis zur Umsetzung und Implementierung von Diversity Management ist es ein weiter Weg, doch die Vorteile, die in den vorherigen Kapiteln genannt wurden, sollten dabei im Auge behalten werden. Die Umsetzung der Vielfalt ist eine strategische Entscheidung, die jede Organisation selbst treffen muss. Dies hat einen langfristigen Einfluss auf das Handeln und den Erfolg der Organisation. Die entscheidenden Fragen sind, welche Strategien es gibt und wie sie implementiert werden können.

Das Unternehmen muss das Diversity Management mit in die Organisationsentwicklung, Mitarbeiterführung und Unternehmensführung integrieren, damit alle sozialen und wirtschaftlichen Ziele wie Chancengleichheit, Fairness, Wettbewerbsvorteile und höhere Motivation erreicht werden. Der Gedanke bzw. dessen Haltung zu Diversity soll im ganzen Unternehmen präsent sein und es soll ein Baustein des Unternehmensleitbildes und der Unternehmensvisionen werden. Darüber hinaus soll es in der Personalpolitik, bei strategischen Entscheidungen und dem strategischen Marketing eine bedeutende Rolle spielen. Bei dem strategischen Diversity Management geht es einerseits um die vielfältige Personalpolitik, da das Diversity Management und das Personalmanagement viele gemeinsame Schnittstellen haben, andererseits aber um die Implementierung organisatorischer Systeme, damit die potenziellen Vorteile der Diversität maximal ausgeschöpft werden. Das macht deutlich, dass Diversity Management ein wichtiger Bestandteil der Organisationsentwicklung ist, dessen Ziel es ist, das gesamte Potenzial der unterschiedlichen Mitarbeiter zu entfalten, um wiederum den Unternehmenserfolg voranzubringen.[28]

---

[27] Vgl. Süß, Stefan, Kleiner, Markus: Diversity Management: Verbreitung in der deutschen Unternehmenspraxis und Erklärungen aus neoinstitutionalistischer Perspektive, in: Krell, Gertraude, Wächter, Hartmut (Hrsg.): Diversity Management. Impulse aus der Personalforschung, München, Mering, 2006, S. 59–64

[28] Vgl. Franken, Swetlana: Personal: Diversity Management. Wiesbaden, 2015, S. 56–61

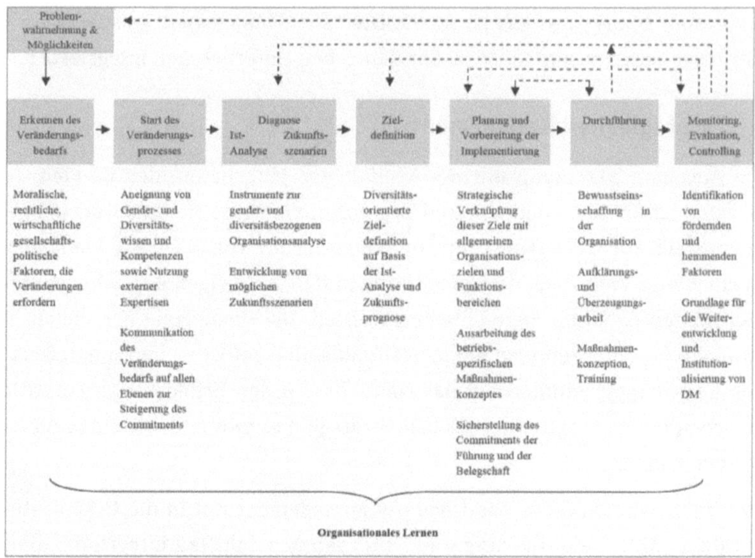

Abbildung 2: Implementierung von Diversity Management
Quelle: Warmuth, Gloria-Sophia: Die strategische Implementierung von Diversitätsmanagement in Organisationen, in: Bendl, Regine, Hanappi-Eger, Edeltraud und Hofmann, Roswitha (Hrsg.): Diversität und Diversitätsmanagement, Wien, 2011, S. 212

3.3 Diversity Ansätze

Für die Durchführung von Diversity Management in Organisationen gibt es eine Menge verschiedener Verständnisansätze. Somit kann Diversity in Organisationen sehr unterschiedlich behandelt werden. Das Diversity Management wird abhängig von dem jeweiligen Diversity Ansatz in die Praxis umgesetzt und das hat wiederum unterschiedliche Auswirkungen auf die gesamte Organisation sowie auf den Lern- und Veränderungsprozess und die strategische Orientierung.[29] Es gibt Organisationen, die den Fokus auf die Gleichstellung der Mitarbeiter legen und andere, die den Vorteil der Vielfalt nutzen. Es werden insgesamt 2 Strategiearten unterschieden und diese sind nochmal in 5 wichtige Diversity Ansätze unterteilt. Bei den 2 Strategiearten handelt es sich einmal um die reaktive bzw. vermeidende Strategie und einmal um die proaktive bzw. wertschätzende Strategie. Bei der re-

---

[29] Vgl. Warmuth, Gloria-Sophia: Die strategische Implementierung von Diversitätsmanagement in Organisationen, in: Bendl, Regine, Hanappi-Egger, Edeltraud, Roswitha Hofmann (Hrsg.): Diversität und Diversitätsmanagement, Wien, 2012, S. 205

aktiven Strategie wird unterschieden in Resistenzansatz und in Colour-blind-Ansatz. Bei dem Resistenzansatz wird die Homogenität angestrebt und Diversität erst gar nicht in Betracht gezogen. Mitarbeiter werden alle als "gleichgestellt" angesehen und Fremde als Gefahr und Kostenfaktor. Bei dem Colour-blind-Ansatz gibt es keine kulturellen Unterschiede. Der Fokus liegt hier allein bei den Qualifikationen und Kompetenzen des Mitarbeiters. Bei beiden Ansätzen ist das Diversity Management in der Organisation nicht implementiert, da Diversity hierbei keine Rolle spielt. Die proaktive Strategie wird unterteilt in Fairness- und Antidiskriminierungsansatz, Marktzutritts- und Legitimitätsansatz, Lern- und Effektivitätsansatz und zuletzt in Verantwortungs- und Sensibilitätsansatz. Bei diesen Ansätzen gehört Diversity mit zum Unternehmenserfolg.[30]

Diversitätsver-ständnisse	Grundori-entierung	Perspek-tive	Fokus	Ziel
Homogenitätsansatz	Diversitäts-resistent	Diversität als Gefahr	Homogenes Ideal als Majorität in der Organi-sation	Verteidi-gung des homogenen Status Quo
Fairness & Anti-diskriminierungs-ansatz	Moralisch-ethisch-orientiert	Diversität als Problem	Benach-teiligte Minorität in der Organi-sation	Gleichbe-handlung von Majo-rität und Minorität
Marktzutritts- & Legitimitätsansatz	Ökono-misch-ergebnis-orientiert	Diversität als Wett-bewerbs-vorteil	Organi-sation im Markt und Wettbewerb	Zugang zu neuen KundInnen und Märk-ten
Lern- & Effektivitäts-ansatz	Ressoucen-orientiert	Diversität als Ressource	Personelle Ressourcen in der Or-ganisation	Organisa-tionales Wissen und Lernen, Nutzen von Diversitäts-potenzialen
Verantwortungs- & Sensibilitätsansatz	Strategisch-gesell-schafts-orientiert	Diversität als strategi-scher Um-weltfaktor	Organisa-tionen als Bürger der Gesellschaft	Übernahme gesell-schaftlicher Verantwor-tung

Abbildung 3: Diversity Ansätze
Quelle: Warmuth, Gloria-Sophia: Die strategische Implementierung von Diversitätsmanagement in Organisationen, in: Bendl, Regine, Hanappi-Eger, Edeltraud und Hofmann, Roswitha (Hrsg.): Diversität und Diversitätsmanagement, Wien, 2011, S. 206

---

[30] Vgl. Franken, Swetlana: Personal: Diversity Management. Wiesbaden, 2015, S. 56–57

3.3.1 Resistenzansatz

Der Resistenzansatz wird auch als Homogenitätsansatz bezeichnet. Wie der Name schon sagt, wird sich hier auf die Einheitlichkeit konzentriert und nicht auf die Vielfalt. In der Organisation sind alle Mitarbeiter gleichgestellt und Diversity wird nicht beachtet und als Gefahr angesehen. Durch die Gleichstellung kann es sogar dazu kommen, dass Unterschiede und das dazugehörige Potenzial nicht einmal erkannt werden. Bei diesem Ansatz wird davon ausgegangen, dass sie im Gegensatz zu einer heterogen ausgerichteten Organisation wettbewerbsfähiger ist und weniger Auseinandersetzungen unter den Mitarbeitern entstehen.[31] Das Ziel des Resistenzansatzes ist somit, die bestehende Homogenität und Monokultur in der Organisation zu verteidigen und zu erhalten und gleichzeitig Diversity zu vermeiden.[32]

3.3.2 Fairness- und Antidiskriminierungsansatz

Der Fairness- und Antidiskriminierungsansatz basiert auf der moralisch-ethischen Grundorientierung im Zusammenhang mit den rechtlichen Aspekten. Die Gleichbehandlung aller Mitarbeiter wird hier angestrebt, doch die Diversity Dimensionen wie Geschlecht, Alter, Religion usw. spielen hierbei keine Rolle. Außerdem orientiert sich die Organisation stark an den gesetzlichen Anforderungen.[33] Für neue Handlungs- und Denkweisen öffnet sich die Organisationen nicht und verliert dadurch das Potenzial der Mitarbeiter und kostbare Lernchancen.[34] In den USA sind es die Equal-Employment-Opportunities und Affirmative-Action Programme und in Europa die EU-Antidiskriminierungsrichtlinie. In den Organisationen wird also darauf geachtet, dass die rechtlichen Vorgaben eingehalten werden, um damit juristische Probleme zu vermeiden. Diversity wird aber nicht

---

[31] Vgl. Warmuth, Gloria-Sophia: Die strategische Implementierung von Diversitätsmanagement in Organisationen, in: Bendl, Regine, Hanappi-Egger, Edeltraud, Roswitha Hofmann (Hrsg.): Diversität und Diversitätsmanagement, Wien, 2012, S. 206–207

[32] Vgl. Vedder, Günther: Die historische Entwicklung von Diversity Management in den USA und in Deutschland, in: Krell, Gertraude, Wächter, Hartmut (Hrsg.): Diversity Management. Impulse aus der Personalforschung, München, Mering, 2006, S. 18

[33] Vgl. Warmuth, Gloria-Sophia: Die strategische Implementierung von Diversitätsmanagement in Organisationen, in: Bendl, Regine, Hanappi-Egger, Edeltraud, Roswitha Hofmann (Hrsg.): Diversität und Diversitätsmanagement, Wien, 2012 , S. 207–208

[34] Vgl. Hansen, Katrin, Müller, Ursula: Diversity in Arbeits- und Bildungsorganisationen. Aspekte von Globalisierung, Geschlecht und Organisationsreform, in: Belinszki, Eszter, Hansen, Katrin, Müller, Ursula (Hrsg.): Diversity Management. Best Practices im internationalen Feld, Band 2, Münster, 2003, S. 23

als Potenzial gesehen und genutzt. Somit ist das Diversity Managament bei dem Fairness- und Antidiskriminierungsansatz sowie bei dem Resistenzansatz nicht in der Organisation implementiert. Trotzdem entsteht durch den Fokus auf die Gleichbehandlung in diesem Ansatz der Baustein für einen Veränderungsprozess in der Organisation.[35]

3.3.3 Marktzutritts – und Legitimitätsansatz

Der Marktzutritts- und Legitimitätsansatz entstand aus der Basis einer marktorientierten Sichtweise und ist ökonomisch- und ergebnisorientiert. Durch die Nähe des Mitarbeiters zu den Kunden sollen in den Bereichen Entwicklung, Produktion und Marketing neue Marktanteile gesichert werden. Die Idee dabei ist, dass die Kundenkreise sich in den Mitarbeiterkreisen in der Organisation widerspiegeln sollen, um dadurch individueller und offener im Marktgeschehen agieren zu können.[36] Um auf die Erwartungen und Bedürfnisse der verschiedenen Kundengruppen optimal eingehen zu können, nutzt die Organisation hier all die Vorteile der Diversity Dimension der Mitarbeiter wie die unterschiedlichen Sprachkenntnisse, Nationalitäten und Religionszugehörigkeiten. Es wird davon ausgegangen, dass Menschen mit ähnlichem kulturellem Hintergrund auch ähnliche Einstellungen haben und somit mehr Vertrauen zueinander haben. Dadurch kann es aber passieren, dass in der Organisation Stereotypen entstehen und dass vielfältige Identitäten nicht beachtet werden. Bei dem Marktzutritts- und Legitimitätsansatz wird Diversity hauptsächlich als Wettbewerbsvorteil genutzt, um neue Märkte und Kunden zu erobern. Diversity wird in der Organisation nicht wirklich respektiert und dient nur als ein geeignetes Mittel, um die Wettbewerbsfähigkeit zu steigern. Außerdem ist dieser Ansatz als kurzfristiges Managementkonzept ausgerichtet und nicht als langfristiges, wo Diversity als Lern- und Wissenseffekt in der Organisation genutzt wird.

---

[35] Vgl. Warmuth, Gloria-Sophia: Die strategische Implementierung von Diversitätsmanagement in Organisationen, (FN 33), S. 207–208

[36] Vgl. Hansen, Katrin, Müller, Ursula: Diversity in Arbeits- und Bildungsorganisationen. Aspekte von Globalisierung, Geschlecht und Organisationsreform, in: Belinszki, Eszter, Hansen, Katrin, Müller, Ursula (Hrsg.): Diversity Management. Best Practices im internationalen Feld, Band 2, Münster, 2003, S. 24

3.3.4 Lern- und Effektivitätsansatz

Der Lern- und Effektivitätsansatz ist ressourcenorientiert und hat in Bezug auf die Diversity und die Organisation den Fairness- und Antidiskriminierungsansatz und den Marktzutritts- und Legitimitätsansatz integriert. Die Organisationskultur ist in der Organisation offen in Bezug auf die diversen Einstellungen, Werte und Normen und legt viel Wert auf die Chancengleichheit aller Mitarbeiter. Außerdem werden Unterschiede und Gemeinsamkeiten wertgeschätzt, egal ob es die Einstellung der Mitarbeiter betrifft oder ihre Erfahrungen. Das Diversity Management wird hier als ein allumfassender Ansatz und langfristiger Prozess angesehen, bei dem die ganze Organisation voneinander lernt. Außerdem werden alle Diversity Dimensionen und das Wissen der Mitarbeiter wertgeschätzt.[37] Das Ziel der Organisation ist es, die Mitarbeiter vollständig zu integrieren, denn Diversity dient bei diesem Ansatz zur Steigerung der Unternehmenswerte.[38] Wenn davon die Rede ist, wie Diversity Management ganzheitlich und strategisch in einer Organisation implementiert wird, dann ist dieser Diversity Ansatz damit gemeint.

3.3.5 Verantwortungs- und Sensibilitätsansatz

Der Verantwortungs- und Sensibilitätsansatz ist ein strategisch-gesellschaftsorientierter Management-Ansatz, in dem Diversity als strategischer Umweltfaktor angesehen wird. Erst, wenn das Diversity Management mit den übergeordneten Strategien, Zielen und der Umwelt der Organisation kombiniert wird, ist das Diversity Management richtig implementiert. Die Übernahme der gesellschaftlichen Verantwortung ist hierbei das größte Ziel. Der Verantwortungs- und Sensibilitätsansatz soll nicht nur als kurzfristige und isolierte Maßnahme dienen, sondern als langfristige und ökonomisch sinnvolle Maßnahme, die die Organisation nachhaltig stärken soll. In der Theorie ist dies leicht beschrieben, doch in der Praxis können die Diversity-Ansätze selbst in der gleichen Organisation unterschiedlich sein. Während in der einen Abteilung der Lern- und Effektivi-

---

[37] Vgl. Warmuth, Gloria-Sophia: Die strategische Implementierung von Diversitätsmanagement in Organisationen, in: Bendl, Regine, Hanappi-Egger, Edeltraud, Roswitha Hofmann (Hrsg.): Diversität und Diversitätsmanagement, Wien, 2012, S. 208 - 209

[38] Vgl. Hansen, Katrin, Müller, Ursula: Diversity in Arbeits- und Bildungsorganisationen. Aspekte von Globalisierung, Geschlecht und Organisationsreform, in: Belinszki, Eszter, Hansen, Katrin, Müller, Ursula (Hrsg.): Diversity Management. Best Practices im internationalen Feld, Band 2, Münster, 2003, S. 28

tätsansatz implementiert ist, ist in der anderen Abteilung vielleicht der Resistenzansatz integriert.

3.4 Planung und Veränderung

3.4.1 Veränderungsprozesse

Die Veränderungen in einer Organisation entstehen durch das Erkennen neuer Möglichkeiten oder Probleme. Eine Organisation ist auf seine Kunden und den Markt angewiesen und muss somit anpassungsfähig sein, wenn sie weiterhin wettbewerbsfähig bleiben will. Veränderungen müssen also rechtzeitig wahrgenommen werden, um angemessen darauf reagieren zu können. Auch aus wirtschaftlichen und rechtlichen Gründen kann eine Organisation sich dafür entscheiden Diversity Management einzuführen. Die Personen, die das Diversity Management in die Organisation einführen wollen, müssen sich die Kompetenzen und das Fachwissen in Bezug auf Diversity Management aneignen und an alle Organisationsebenen weitergeben, damit es gleich zu Beginn an alle Mitarbeiter kommuniziert werden kann. Gerade in der Startphase des Veränderungsprozesses muss die Kommunikation stimmen und von der Führungsebene unterstützt werden, da sich dabei die Rahmenbedingungen wie etwa die Ziele und Strukturen ändern. Außer der Kommunikation gehört eine umfangreiche Aufklärung und Überzeugung der Mitarbeiter zu einem erfolgreichen Veränderungsprozess.[39]

Die Führungspersonen können die Mitarbeiter mit 3 verschiedenen Ansätzen antreiben. Der 1. Ansatz ist der Head-Ansatz. Hierbei handelt es sich um die rationale Ebene, in der durch die Überzeugungsarbeit der Organisation die Verhaltensweise der Mitarbeiter in Bezug auf Diversity geändert werden soll. Als nächstes kann der Heart-Ansatz eingesetzt werden. Dabei geht es um die emotionale Ebene, bei dem die Mitarbeiter in die Diversity Angelegenheiten eingebunden werden sollen. Dieser Ansatz wird durch spezielle Maßnahmen und Mentoringprogramme unterstützt. Und zuletzt gibt es den Ansatz, bei dem alles schriftlich fixiert ist wie z.B. in Betriebsvereinbarungen oder in Zielvereinbarungen zwischen den Mitarbeitern und der Organisation. Doch dieser Ansatz wird weniger in Anspruch genommen als die ersten beiden. Der Veränderungsprozess soll nicht nur kurz-

---

[39] Vgl. Warmuth, Gloria-Sophia: Die strategische Implementierung von Diversitätsmanagement in Organisationen, in: Bendl, Regine, Hanappi-Egger, Edeltraud, Roswitha Hofmann (Hrsg.): Diversität und Diversitätsmanagement, Wien, 2012, S. 209–215

fristig und in der Anfangsphase stattfinden, sondern langfristig und nachhaltig sein, so dass innerhalb der Organisation ständig voneinander gelernt wird.[40]

3.4.2 Strategische Verknüpfung

Zu den wichtigsten Prozessen beim Diversity Management gehören die ganzheitliche Verknüpfung des Diversity Konzepts mit den Organisationszielen, wobei die Führungskraft einen starken Einfluss darauf hat. Da die Vielfalt der Mitarbeiter die Vielfalt der Kundenstruktur und Märkte der Organisation widerspiegeln soll, ist die kontinuierliche Anpassung an die Umweltfaktoren ein Muss. Bevor sich also auf das Diversity Management konzentriert wird, werden die Organisationsziele erstmal analysiert und es wird hinterfragt, welche Ziele sie konkret verfolgen, was für eine Strategie kurz- und langfristig angestrebt wird und welcher Organisationskultur nachgegangen wird. Auf die konkreten Fragen wird im Kapitel 3.4.3 eingegangen, in dem die Instrumente zur Ist-Analyse der Organisation vorgestellt werden.[41]

3.4.3 Instrumente zur Ist-Analyse

Es gibt 2 Instrumente, durch die der Ist-Zustand in Bezug auf das Diversity Management einer Organisation erfasst werden kann. Diese nennen sich Diversity-Analyse und 4-R-Methode und dienen als Hilfswerkzeug. Sie sind der Ausgangspunkt für weitere Veränderungsprozesse. Außerdem können die Analysen auch als Zukunftsszenario genutzt werden, in dem den Mitarbeitern veranschaulicht wird, wie die Zukunft aussehen kann, wenn keine Veränderung stattfindet. Dies kann gerade bei der Durchsetzung von Veränderungsmaßnahmen zum Vorteil werden. Die Umsetzung der zwei Instrumente muss in den Organisationen trotz der Vorlagen individuell betrachtet werden.

3.4.3.1 Diversity Analyse

Die Diversity Analyse wird anhand eines Fragenkatalogs zur Offenlegung und Analyse der diversitätsbezogenen Aspekte in der Organisation genutzt. Sie kann

---

[40] Vgl. Stuber, Michael: Die Umsetzung von Diversity in Europa, in: Belinszki, Eszter, Hansen, Katrin, Müller, Ursula (Hrsg.): Diversity Management. Best Practices im internationalen Feld, Band 2, Münster, 2003, S. 144–145

[41] Vgl. Sanchez Marin, Kirsten: Führungs(kräfte)aufgabe Diversity Management, in: Schwuchow, Karlheinz, Gutmann, Joachim (Hrsg.): Personalentwicklung. Themen, Trends, Best Practices 2014, Freiburg, 2013, S. 56–59

somit herausfinden, inwieweit das Diversity Management schon integriert ist und wo noch Potenzial besteht. Es dient wie erwähnt als Hilfe und soll an die Organisation angepasst werden. Dabei können Fragen gekürzt oder erweitert werden. Die Diversity Analyse diente ursprünglich als Genderanalyse, d.h. die Geschlechterverhältnisse in den Organisationen wurden genauer betrachtet. Bei der Analyse gibt es 7 Analyseebenen. Es werden gezielte Fragen in Bezug auf Diversity der jeweiligen Ebene gestellt.

Bei der 1. Analyseebene geht es um die Geschichte und Ziele der Organisation. Hier wird gefragt, was für Ziele die Organisation genau verfolgt bzw. was ihre Botschaft an die Organisation selbst und an den Markt ist, wie die Organisation entstanden ist, welche Ziele sie mit der Gründung verfolgt hat und wie intensiv die Diversity Dimensionen in Bezug auf die Ziele der Organisation thematisiert werden.

In der 2. Ebene werden Themen wie Ideologien, Regeln, strategische Orientierung und Werte behandelt. Hier wird gefragt, ob die Organisation bestimmte Werte verfolgt, ob in der Organisation die Wünsche und Bedürfnisse der Mitarbeiter in Bezug auf die Diversity Dimensionen berücksichtigt werden und inwiefern die Diversity Strategien und Maßnahmen mit den Strategien des Management übereinstimmen.

Um die Organisationskultur und Struktur geht es in der 3. Ebene. Hier wird gefragt, ob es diversitätsbezogene Besonderheiten gibt, wie bestimmte Hierarchien in der Organisation oder Frauen- bzw. Männerdomänen, was wichtig in der Organisationskultur ist, wie gemischt die Mitarbeitergruppen in Bezug auf die Diversity Dimensionen sind und wie sich dies auf das Betriebsklima auswirkt und ob ein Wissensmanagement in Bezug auf Diversity vorhanden ist.

Die Themen Führung und Hierarchie werden in der 4. Ebene näher beleuchtet. Dabei wird gefragt, welche Führungsebenen vorhanden sind, welche Personengruppen in der Organisation vertreten sind, ob Männer und Frauen mit ihren vielfältigen Unterschieden in den jeweiligen Bereichen und Netzwerken vertreten sind, wem Führungsaufgaben zugewiesen werden und welche Maßnahmen das Management ergreift, um benachteiligte Gruppen in der Organisation zu fördern.

In der 5. Ebene wird die fachliche Arbeit hinterfragt, ob es fachliche Schwerpunkte in der Organisation gibt und ob Fragen in Bezug auf Diversity bis jetzt aufgekommen sind.

Um Ort, Zeit und andere Aufgaben der Organisation geht es in der 6. Ebene. Hier wird gefragt, welche Maßnahmen es für den Mitarbeiter gibt, Beruf, Familie und Freizeit optimal zu kombinieren, welche Arbeitszeitmodelle in der Organisation angewendet werden und wie die Mitarbeiter damit umgehen, welche Fortbildungen es zum Thema Diversity gibt und ob das Diversity Management mit in die Organisationsziele integriert ist.

Und zuletzt wird in der 7. Ebene die Leistungsbewertung thematisiert. Dabei wird gefragt, wie die Organisation mit Anerkennung und Beförderung umgeht, wann ein Mitarbeiter für eine Leistung gelobt wird, welche sozialen und finanziellen Unterscheidungen zwischen den Mitarbeitern gemacht werden und ob alle Mitarbeiter in Bezug auf ihre Leistung gleich behandelt werden.

3.4.3.2 4-R-Methode

Die 4-R-Methode wurde wie die Diversity Analyse ursprünglich als Genderanalyse benutzt. Sie begann erst als 3-R-Methode und wurde später um eine weitere Methode erweitert. Die vier R's stehen für Repräsentation, Ressourcen, Realisierung und Recht.

Durch die Repräsentationsmethode wird analysiert, wie vielfältig die Mitarbeiter in Bezug auf die Diversity Dimensionen sind und wie vielfältig die Mitarbeitergruppen sind. Zur Analyse wird immer nur eine Diversity Dimension ausgesucht und danach grafisch dargestellt, wie diese Dimension in der gesamten Organisation repräsentiert ist. Dazu wird die horizontale sowie vertikale Sichtweise der Organisation betrachtet. Wird beispielsweise die Dimension "Behinderung" analysiert, wird anhand der Grafik dargestellt, wie viele behinderte Menschen in welcher Abteilung und in welcher Hierarchiestufe sind. Das Ziel dieser Darstellung ist es, einen Überblick über die Beteiligung der diversen Personengruppen an Entscheidungsprozessen zu haben und aufzuzeigen, welchen Einfluss sie in allen Bereichen auf die Organisation haben.

Bei der Ressourcenmethode geht es um die Verteilung der Ressourcen in Bezug auf die Diversity Dimensionen in der Organisation. Unter Ressourcen werden Zeit, Geld, Bildung, Macht und Raum verstanden. Wie viel Einkommen welcher Mitarbeiter bekommt, wer Entscheidungsbefugnisse hat, ob es flexible Arbeitszeiten gibt, ob es Fortbildungsmaßnahmen gibt oder wer wie viel Raum als Arbeitsplatz zur Verfügung gestellt bekommt, können Beispiele für die Fragestellungen sein. Auch bei dieser Analyse wird eine Dimension einzeln betrachtet und es wird analysiert, ob die Ressourcen gleichmäßig verteilt sind und ob eindeutige Muster zu erkennen sind bzw. ob ein Ungleichgewicht vorhanden ist.

Aufbauend auf die 2 vorherigen Methoden, geht es bei der Realisierung darum, die Punkte, die negativ auffallen, genauer zu analysieren und passende Strategien dafür zu finden. Diese Methode ist die Aufwendigste, da hier erst einmal die Situation bzw. das Problem verstanden werden muss und analysiert wird, welche Ursachen dahinterstecken. Wird beispielsweise herausgefunden, dass kein einziger Mitarbeiter mit Migrationshintergrund in der Organisation in einer Führungsposition ist, wird genau analysiert, ob es an den Qualifikationen liegt oder an fehlenden Aufstiegsmöglichkeiten in Bezug auf diese Dimension.

Bei der 4. und letzten Methode "Recht" geht es um die Berücksichtigung aller rechtlichen Rahmenbedingungen wie Reglements, Gesetze und Weisungen. Diese Methode ist eine wichtige Voraussetzung für die Organisation, um bestimmte Maßnahmen planen und umsetzen zu können.[42]

3.5 Strategien und Maßnahmen

3.5.1 Umsetzung des strategischen Managements

Um Diversity Management umsetzen zu können ist, wie in Kapitel 3.4 beschrieben, ein Veränderungsprozess der Organisation nötig. Das Ziel der Umsetzung ist die Anerkennung und Verinnerlichung von Diversity in der gesamten Organisation. Die Führungskraft kümmert sich dabei um die Verbreitung und Kommunikation von Diversity, indem sie als Vorbild agiert und Diversity vorlebt und publik Engagement zeigt. Außerdem unterstützt die Führungskraft das Verfahren, indem Diversity Projekte oder Teams gebildet werden, die dauerhaft und sich nachhaltig dafür einsetzen, dass das Diversity Management in der Organisation durch Maßnahmen und Schulungen implementiert wird, koordiniert wird und positive sowie negative Auswirkungen an die Führungskraft weitergeleitet werden.

Außerdem muss das Diversity Management richtig in der Organisation zugeordnet werden, damit die Diversity Ziele mit den Organisationszielen korrelieren und die Diversity Bereiche messbar gemacht werden und somit in das Controlling mit

---

[42] Vgl. Warmuth, Gloria-Sophia: Die strategische Implementierung von Diversitätsmanagement in Organisationen, in: Bendl, Regine, Hanappi-Egger, Edeltraud, Roswitha Hofmann (Hrsg.): Diversität und Diversitätsmanagement, Win, 2012, S. 216–221

einfließen können. Ein weiteres Ziel ist das Vertrauen der Mitarbeiter zu gewinnen, indem eine offene Kommunikationskultur herrscht. Da das Diversity Management erst neu in die Organisation implementiert wird, ist die Wahrscheinlichkeit hoch, dass nicht alle Mitarbeiter das System willkommen heißen. Deshalb müssen Erfolge, aber auch Probleme weitergegeben und ausgetauscht werden, damit ein kontinuierlicher Lernprozess stattfinden kann. Die Führungskraft kann das unterstützen, indem sie Foren oder Meetings dazu anbietet.[43]

3.5.2 Maßnahmen und Diversity Instrumente

Durch die Ist-Analyse im Kapitel 3.4.3 weiß die Organisation, wo sie mit dem Diversity Management steht und auf welche Diversity Schwerpunkte sie sich konzentrieren kann. Somit kann sie optimal entscheiden, welche Diversity Instrumente sie zukünftig einsetzen kann. Faktoren wie die Branche und Größe der Organisation haben einen großen Einfluss darauf. Gerade bei sehr großen Organisationen ist es nicht unüblich, dass sie sich auf mehrere Diversity Dimensionen konzentrieren. Hat die Organisation beispielsweise durch die Analyse herausgefunden, dass sie zu wenig Mitarbeiter mit Migrationshintergrund hat, obwohl sie mit vielen internationalen Kunden zusammenarbeitet, sollte sie schnell handeln und die passenden Instrumente anwenden. Durch das Kapitel der Ist-Analyse und der Diversity Instrumente ist zu sehen, dass die deutschen Organisationen im Gegensatz zu den USA immer noch am Anfang stehen, was die Implementierung von Diversity Management angeht.

Die nachfolgenden Diversity Instrumente dienen zur Nachhaltigkeit von Diversity Management und brauchen ihre Zeit, um ganzheitlich eingesetzt zu werden. Ebenso sind es Instrumente, die für den Einsatz der Führungskraft geeignet sind. In Kapitel 3.5.2.1 werden die Instrumente für die populärsten Diversity Dimensionen in deutschen Organisationen erläutert und in Kapitel 3.5.2.2 und 3.5.2.3 zwei Diversity Instrumente als vorbildliches Beispiel zur Implementierung beschrieben.

---

[43] Vgl. Hansen, Katrin: CSR und Diversity, in: Hansen, Katrin (Hrsg.): CSR und Diversity Management. Erfolgreiche Vielfalt in Organisationen, Berlin, Heidelberg, 2014, S. 32–36

3.5.2.1 Instrumente für Diversity Dimensionen

Im Kapitel 2.3 Diversity Dimensionen wurden die 6 Dimensionen des Diversity Managements genau erläutert. In den Organisationen in Deutschland haben die Dimensionen Alter, Geschlecht und kulturelle Herkunft die größte Gewichtung. Aus diesem Grund werden zu diesen 3 Dimensionen praktische Instrumente vorgestellt, die in deutschen Organisationen angewendet werden.

Die meist eingesetzten Instrumente bei der Dimension Alter sind ein angemessener und altersgerechter Arbeitsplatz, Teilzeit im Alter und Freizeitangebote. Wenig verbreitet sind die Instrumente der altersgerechten Gestaltung der Arbeitsinhalte, Abwechslung in der Tätigkeit für ältere Mitarbeiter und Personalentwicklung, die sich nach der Lebensphase orientiert. Der Erfahrungsaustausch zwischen jungen und alten Mitarbeitern sowie gemischte Teams werden nicht betrachtet.

Bei der Dimension Geschlecht sind die Instrumente wie flexible Arbeitszeiten, Teilzeitverträge und Ansprechpartner bei Familienthemen sehr verbreitet. Betriebliche Kindertagesstätten, Netzwerke für Frauen und Frauenquoten werden weniger eingesetzt. Männer werden dabei nicht mit einbezogen.

Bei der Dimension kulturelle Herkunft ist der Auslandseinsatz von Führungskräften, Abteilungsunterstützung für ausländische Mitarbeiter und die Rekrutierung ausländischer Mitarbeiter sehr beliebt. Weniger beliebt sind multikulturelle Teams und Mentoring von ausländischen Mitarbeitern.

3.5.2.2 Anonymes Bewerbungsverfahren

Bei diesem Diversity Instrument geht es um die Chancengleichheit aller Menschen, die sich in einer Organisation bewerben. Es kommt immer noch vor, dass Menschen im Bewerbungsverfahren aufgrund des Alters oder der Herkunft benachteiligt werden. Um dem entgegenzuwirken hat die Antidiskriminierungsstelle des Bundes 2010 das anonyme Bewerbungsverfahren eingeführt, in dessen Rahmen bei der Bewerbung bestimmte Angaben wie der Name, die Herkunft, das Geburtsdatum und das Foto weggelassen werden. Das soll bezwecken, dass nur die Qualifikationen des Bewerbers im Fokus stehen. Dieses Verfahren wurde von Organisationen erfolgreich angewendet und besonders die Chancen der Menschen mit Migrationshintergrund und Frauen steigen dadurch bei den Bewerbungsverfahren an. Ein kritischer Punkt ist, dass durch die Anonymität die Individualität des Bewerbers im Vorfeld nicht erkennbar ist. Der weitere Nachteil des anonymen Bewerbungsverfahrens ist, dass die Anonymität der Bewerber im persönlichen Bewerbungsgespräch endet. Die Benachteiligung durch Vorurteile gegenüber dem Bewerber kann ab dieser Situation nicht verhindert werden. Die Potenziale der vielfältigen Dimensionen müssen bei den Bewerbern wahrgenommen werden und somit kann nur durch eine Umstrukturierung der Denkmuster in einer Organisation dieses Problem gelöst werden.

3.5.2.3 Interkulturelle Kompetenzen

Durch die interkulturellen Kompetenzen von Migranten haben die Organisationen die großartige Chance neue Märkte und Kunden zu erschließen und ihre Wettbewerbsfähigkeit zu erhöhen, da die Mitarbeiter mit Migrationshintergrund oft mehrere Sprachen fließend sprechen und sich an neue Situationen schnell anpassen können. Somit können sie beispielsweise mit ausländischen Kunden kommunizieren und sie betreuen. Außerdem können die Kompetenzen auch für die Entwicklung neuer Produkte genutzt werden, um wiederum neue Märkte und Kunden zu gewinnen oder um für internationale Verhandlungen eingesetzt zu werden. Speziell bei diesem Thema kommt der Begriff Ethnomarketing auf, dass eine bestimmte Zielgruppe ansprechen soll. Ein Beispiel hierzu ist die Marke "Ay Yildiz", die die Tochtergesellschaft von E-Plus ist. Diese Marke spricht die Menschen in Deutschland an, die türkische Wurzeln haben. Die Tarife, die Homepage bis hin zum Logo sind auf die Zielgruppe angepasst und somit haben sie in nur 2 Jahren mehr als 80 % der Zielgruppe erreicht. Wenn die Mitarbeiter in der Organisation sehr vielfältig sind, sind interkulturelle Kompetenzen sehr wichtig. Es gibt Organisationen, die hierbei Kulturmittler einsetzen, die dafür sorgen, dass die Kommunikation und das Betriebsklima weiterhin angenehm bleiben. Damit die interkulturellen Kompetenzen optimal genutzt werden können, sind Maßnahmen wichtig, durch die Kompetenzen in Bezug auf die Kommunikation gestärkt werden und der Respekt und die Wertschätzung unter den Mitarbeitern verbessert werden.[44]

3.6 Auswertung und Controlling

Am Ende der strategischen Implementierung von Diversity Management steht die Auswertung. Es ist noch einmal zu betonen, dass das Diversity Management ein langfristiges Management Konzept ist und somit die Qualität auch langfristig ge-

---

[44] Vgl. Franken, Swetlana: Personal: Diversity Management. Wiesbaden, 2015, S. 65–74

sichert werden soll. Durch die Idee des "Organisationalen Lernens", soll sich das Management System immer wieder in der Organisation weiterentwickeln. Das Ziel der Auswertung ist es am Ende zu wissen, ob das Diversity Management erfolgreich implementiert wurde oder ob es noch Verbesserungspotenzial gibt, ob die Ziele erreicht wurden und welche Maßnahmen den meisten Erfolg gebracht haben. Hierzu ist es hilfreich, den Strategieentwicklungsprozess zu überprüfen und zu beurteilen. Im 1.Schritt wird geprüft, ob alle Faktoren beachtet wurden und ob künftig andere Elemente integriert werden sollen. Im 2.Schritt wird geprüft, ob alle Strategien und Maßnahmen, für die sich die Organisation entschieden hat, in vollem Umfang umgesetzt wurden. Zuletzt wird sich auf das Resultat konzentriert und wie die Implementierung bei den Kunden, Lieferanten und vor allem bei den Mitarbeitern ankommt. Eine Umfrage dient hier als Hilfswerkzeug, um einen guten Überblick zu bekommen und um früh genug einzugreifen, wenn die Implementierung nicht so gut angenommen wird wie erwartet.[45]

Aus betriebswirtschaftlicher Sicht darf am Ende der Auswertung natürlich nicht der ökonomische Aspekt der Implementierung von Diversity Management fehlen. Die Analyse für das Kosten-Nutzen-Verhältnis einer Investition wird dem Business Case zugeordnet. Wenn der Nutzen dabei größer ist als die Kosten, wird die Investition als ökonomisch und empfehlenswert bezeichnet. Die Kosten, die bei der Implementierung von Diversity Management entstehen, können gut zugeordnet und berechnet werden. Das können Kosten für Mitarbeiter sein, die Diversity Management in der Organisation schulen, Kosten für Schulungsmaterial oder Kosten für den Zeitaufwand von Mitarbeitern, die die neuen Diversity Bedingungen in die vorhandenen Arbeitsverträge adaptieren. Der Nutzen, der bei der Implementierung entsteht, kann nur ganz schwer in Zahlen ausgedrückt werden, da das Diversity Management hauptsächlich immaterielle Güter wie Qualifikationen und Kompetenzen der Mitarbeiter beeinflusst. Außerdem hat es einen langfristigen Effekt und somit kann der Nutzen rückwirkend noch schwieriger den Kosten zugeordnet werden. Trotzdem gibt es auch hier ein Hilfswerkzeug, das sich Diversi-

---

[45] Vgl. Warmuth, Gloria-Sophia: Die strategische Implementierung von Diversitätsmanagement in Organisationen, in: Bendl, Regine, Hanappi-Egger, Edeltraud, Roswitha Hofmann (Hrsg.): Diversität und Diversitätsmanagement, Wien, 2012, S. 228–230

ty Scorecard nennt. Dies ist abgeleitet von der Balanced Score Card, mit der das Ursache-Wirkung-Verhältnis gemessen werden kann.[46]

Ist-Analyse	Ziele	Erfolgsmessung
Demographische Vielfalt von KundInnen und Beschäftigten	Vielfalt der Belegschaft erhöhen	Veränderung der Repräsentation vielfältiger Gruppen
Organisationskultur, Umgang, gelebte Werte	Produktives Arbeitsumfeld für alle Beteiligten	Mitarbeiter-Befragung zu Diversität, Vielfalt, Wertschätzung von Individualität, Zufriedenheit; Fluktuation, Fehlzeiten

Abbildung 4: Erfolgsmessung von Diversity Management

Quelle: Warmuth, Gloria-Sophia: Die strategische Implementierung von Diversitätsmanagement in Organisationen, in: Bendl, Regine, Hanappi-Eger, Edeltraud und Hofmann, Roswitha (Hrsg.): Diversität und Diversitätsmanagement, Wien, 2011, S.229

---

[46] Vgl. Mensi-Klarbach, Heike: Der Business Case für Diversität und Diversitätsmanagement, in: Bendl, Regine, Hanappi-Egger, Edeltraud, Roswitha Hofmann (Hrsg.): Diversität und Diversitätsmanagement, Wien, 2012, S. 299–302

4 Teamentwicklung in der Organisation

4.1 Die Bedeutung von Teams innerhalb einer vielfältigen Organisation

„Wenn du schnell gehen willst, gehe allein. Doch wenn du weit gehen willst, gehe mit anderen."[47] Dies ist ein afrikanisches Zitat, das die Autorin Susanne Möller aufgreift und damit die Bedeutung von Teams auf den Punkt bringt. Mit einem erfolgreichen Team kann eine Organisation seine Wettbewerbsvorteile erhöhen und seine Leistung und Effektivität steigern. Gerade in Bezug auf Diversity kann ein vielfältiges Team das intensivieren. Sie sind eine elementare Komponente der Organisationsstruktur und repräsentieren die Organisationskultur.

4.2 Gruppeneinteilungen

Die Teams können im Diversity Management in 2 Gruppen eingeteilt werden. In die homogene Gruppe und in die heterogene Gruppe. Diese 2 Gruppen sind weiterhin in 3 Ebenen zu betrachten und dienen dazu als Grundlage. Die Erste ist die individuelle Ebene. Hierbei wird laut Forschungsergebnissen davon ausgegangen, dass Mitarbeiter Kollegen mit ähnlichen Merkmalen wie ähnlichen Hobbys oder ähnlichem Alter favorisieren. Die anderen Mitarbeiter können sich dadurch aber benachteiligt fühlen. Die 2.Ebene ist die organisationale Ebene, wo die Teamzusammensetzung nach Qualifikationen und sozialen Komponenten zugeordnet wird. Die Organisation kann somit das Gehalt der Mitarbeitergruppen differenzieren und die Kosten reduzieren, denn eine Putzkraft verdient beispielsweise weniger als ein Bankkaufmann. Die letzte Ebene ist die Gruppenebene. Dabei unterscheiden sich die Gruppen in der Homogenität und Heterogenität.[48]

Homogene Gruppen können sich im Gegensatz zu heterogenen Gruppen schneller einigen und besser zusammenarbeiten, wenn sie spezielle Aufgaben lösen müssen. Das liegt daran, dass sie viele Gemeinsamkeiten haben, wie gemeinsame Vorstellungen oder Ziele. Sie haben außerdem größeres Vertrauen zueinander und weniger Meinungsverschiedenheiten und können im Zuge dessen besser kooperieren und ihre Effektivität und Effizienz steigern.

---

[47] Vgl. Möller, Susanne: Erfolgreiche Teamleitung in der Pflege, Berlin, Heidelberg, 2013, S. 10

[48] Vgl. Hermann, Anett: Diversitätsmanagement in Teams, in: Bendl, Regine, Hanappi-Egger, Edeltraud, Roswitha Hofmann (Hrsg.): Diversität und Diversitätsmanagement, Wien, 2012, S. 265–278

Bei einer heterogenen Gruppe müssen sich die verschiedenen Charaktere erst aneinander gewöhnen, um ihr Vielfaltspotenzial überhaupt anwenden zu können. Trotz der schnelleren Auseinandersetzungen durch unterschiedliche Meinungen, Werte und Erfahrungen, kann das als Vorteil und Stärkung der Persönlichkeit genutzt werden. Darüber hinaus bereiten sich die Mitarbeiter in heterogenen Gruppen auf die Arbeitswelt von morgen vor. Durch die Globalisierung wird es in Zukunft immer selbstverständlicher werden, in einem diversen Arbeitsumfeld zu arbeiten, in dem mehrere Sprachen gesprochen werden und unterschiedliche Kulturen aufeinander treffen. Heterogenen Gruppen wird somit eine höhere Innovation in Bezug auf Problemlösungen und Kostenreduktion durch Motivationssteigerung von benachteiligten Mitarbeitergruppen zugesprochen.[49]

4.3 Teamleistung

4.3.1 Einfluss der Führungskraft

Die Führungskraft hat bei der Teamentwicklung einen großen Einfluss. Sie soll das Diversity Management vorleben und das Team nach vorne führen. Mit der Führungskraft steht und fällt das Team, denn sie entwickelt die Strategie und gibt Ziele vor. Sie muss erst einmal das Team zusammenführen und dafür sorgen, dass die Gruppenmitglieder herausfinden, was für ein Diversity Potenzial in ihnen steckt, sowohl bei jedem einzelnen Mitarbeiter als auch im Team. Dann soll die Führungskraft versuchen das Team in sich zusammen zu bringen, indem die Teammitglieder gemeinsame Nenner finden, aber gleichzeitig auch die Individualität der Einzelnen schätzen. Eine gesunde Mischung aus einem homogenen und heterogenen Team soll dabei entstehen. Es wird also viel abverlangt von der Führungskraft. Letztendlich kann sie aber nur den Weg zum Ziel zeigen, denn was für eine Gruppendynamik und eine Teamkultur am Ende entsteht, ist vom Team selbst abhängig. Das Teamentwicklungsmodell wird im Kapitel 4.4 genau beschrieben.[50]

---

49 Vgl. Gezer, Sevgi: Allgemeine Fallstudien zum Diversity Management. Umgang mit Vielfalt an der Universität UMBRA, in: Vedder, Günther, Göbel, Elisabeth, Krause, Florian (Hrsg.): Fallstudien zum Diversity Management, München, Mering, 2011, S. 104–106

50 Vgl. Rastetter, Daniela: Managing Diversity in Teams: Erkenntnisse aus der Gruppenforschung, in: Krell, Gertraude, Wächter, Hartmut (Hrsg.): Diversity Management. Impulse aus der Personalforschung, München, Mering, 2006, S. 102

Der Nutzen für die Führungskraft ist unter anderem die höhere Motivation und Leistungsfähigkeit der Mitarbeiter. Das Team strahlt mehr positive Energie aus, wenn sich die Mitarbeiter untereinander gut verstehen und das kann für positive Eindrücke außerhalb der Organisationen genutzt werden, wie z.B. der Kundenkontakt in anderen Ländern oder bei internen Arbeitsprozessen. Es ist wahrscheinlicher, dass unzufriedene Mitarbeiter die Organisation verlassen als Zufriedene.[51] Darüber hinaus sind die Teammitglieder durch die Multikulturalität und der anderen Diversity Dimensionen kreativer und innovationsfähiger bei Lösungsfindungen und können die Organisation somit zu neuen Kunden und Märkten führen mit der Schlussfolgerung, dass die Organisation dadurch mehr Umsatz generieren würde.[52]

4.3.2 Einflussfaktoren auf die Teamleistung

Faktoren wie die Persönlichkeit und das Wissen der Mitarbeiter, die Rollenverteilung und die Größe des Teams, der Zusammenhalt oder aber auch Wettbewerbsdruck beeinflussen die Teamleistung. Nach dem Modell der Teameffektivität von Hackman von 1987 werden die Einflussfaktoren in 2 Themen aufgeteilt. Erstens in die Teamstruktur, den Kontext und die Ressourcen der Organisation und zweitens in die Prozesskriterien der Teameffektivität.

Das 1.Thema bildet die Grundlage für das 2.Thema. Es geht dabei um die Teamzusammensetzung, Aufgabenstruktur, Teamregeln und wie was Team mit den Diversity Dimensionen umgeht. Um vorgegebene Ziele zu erreichen, wird das Wissen und die verschiedenen Meinungen der Teammitglieder eingesetzt und hinterfragt. In Bezug auf die Organisation spielt es eine Rolle, ob das Team in die Organisationsstruktur mit eingebunden wird, ob das Team genug Gestaltungsmöglichkeiten bekommt, ob die Mitarbeiter angemessen entlohnt werden und ob die Organisation auch das Team unterstützt, indem sie beispielsweise Maßnahmen und Fortbildungen anbieten.

Im 2.Thema "Prozesskriterien der Teameffektivität" geht es darum, Prozessverluste zu minimieren und Prozessgewinne zu maximieren sowie um soziale Beein-

---

51 Vgl. Bürger, Michaela: Champions League für Manager - Erfolg durch Vielfalt. Starke Teams durch Diversity-Management. Ein Trainerleitfaden. Wiesbaden, 2014, S. 111–114

52 Vgl. Sanchez Marin, Kirsten: Führungs(kräfte)aufgabe Diversity Management, in: Schwuchow, Karlheinz, Gutmann, Joachim (Hrsg.): Personalentwicklung. Themen, Trends, Best Practices 2014, Freiburg, 2013, S. 60–61

flussungen auf das Team und Einflussfaktoren für die Steigerung der Teameffektivität.

Bei der Teamsynergie entstehen die Prozessverluste unter anderem durch Auseinandersetzungen der Teammitglieder oder nicht richtig integriertem Diversity Management. Außerdem wird davon ausgegangen, dass je größer das Team wird, desto geringer sind die Motivation, die Leistung und die Produktivität des Teams. Die Prozessgewinne hingegen entstehen dadurch, dass beispielsweise durch Feedback ein konstantes Lernen möglich ist, sowie durch Motivationssteigerung oder durch eine transparente Kommunikation. Anhand der Vielfalt der Teammitglieder kann ein enormes Wissen angesammelt und optimal genutzt werden. Darüber hinaus kann ein vielfältiges Team zusätzlich die Vorteile eines homogenen Teams nutzen, indem es durch ähnliche Interessen und Werte intensiver zusammenarbeitet.

Zu den sozialen Einflussfaktoren gehören der Einfluss der Autorität, der Einfluss der Minderheiten und Mehrheiten, das Risikoverhalten und das Gruppenverhalten. Der Einfluss einer autoritären Person wirkt sich ganz unterschiedlich auf ein Team aus und ist nur schwer zu beschreiben. Minderheiten hingegen sollen sozial unterstützt werden, damit die Teambindung erhalten bleibt und die Balance der Teamzusammensetzung weiterhin stimmig ist. Laut einer Untersuchung aus den 1960er Jahren nimmt die Risikobereitschaft eines Menschen in einem Team zu und kann sogar dazu führen, dass die Meinungen und Gedanken anderer Teammitglieder das eigene Verhalten beeinflussen und es zum sogenannten Gruppendenken kommt. Dieses Verhalten ist einer homogenen Gruppe zuzuordnen und kann durch Überbewertung der eigenen Gruppe auch zu falschen Entschlüssen oder sogar Demütigungen anderer Teams führen.

Abschließend ist zu sagen, dass es eine Vielzahl von Einflussfaktoren gibt, die die Teamleistung beeinflussen können und es kompliziert wird, wenn es um die Messung der Teamleistung geht. Trotzdem gehören zu den wichtigsten Faktoren das Wissen über Diversity Management, die Aufgabenzuteilung der Organisation und die Zielsetzung, die Teamstruktur und der Umgang mit den Diversity Dimensionen, was im Kapitel 4.4 genau beschrieben wird.[53]

---

[53] Vgl. Hermann, Anett: Diversitätsmanagement in Teams, in: Bendl, Regine, Hanappi-Egger, Edeltraud, Roswitha Hofmann (Hrsg.): Diversität und Diversitätsmanagement, Wien, 2012, S. 282–293

4.4 Teamentwicklungsmodell

Die Anforderungen an die Organisationen werden immer komplexer und somit steigen auch die Herausforderungen an ein funktionierendes Team, aber vor allem an die Führungskräfte, denn sie müssen sich zuerst mit den Problemen auseinandersetzen und geeignete Lösungen finden.[54] Die Diversity Trainings Awareness-Training und Skill-Building-Training sind in den USA die meistgenutzten Methoden, um die Vielfalt in einer Organisation zu entfalten. Das Awareness-Training schafft das Bewusstsein zu Diversity und soll allen vermitteln, was für Vorteile das Diversity Management mit sich bringt, was Vielfalt bedeutet, welche Diversity Dimensionen in der Organisation existieren und wie wichtig die Einstellung und das Verhalten dazu sind. Beim Skill-Building-Training erwerben alle Beteiligten bestimmte Fähigkeiten, um erfolgreich in einem diversen Team zusammenzuarbeiten. Der Umgang und die Kommunikation mit anderen Mitarbeitern und der Umgang mit Auseinandersetzungen liegen dabei im Fokus. Beide Trainings sind nicht partout getrennt voneinander zu sehen, vielmehr ergänzen sie sich in der Praxis.[55]

Das Teamentwicklungsmodell aus der Fachliteratur „Teamentwicklung mit Diversity Management" ist dafür geeignet, das Diversitätspotenzial der Teammitglieder zur vollen Entfaltung zu bringen. Es vereint das Awareness- und das Skill-Building-Training. Im Teamentwicklungsmodell geht es unter anderem darum, welche Unterschiede und Ähnlichkeiten im Team vorhanden sind, wie man sie nutzen kann oder welche gemeinsamen Ziele zu erkennen sind. Eine wichtige Voraussetzung ist die kognitive Vielfalt. Das heißt die Vielfalt der einzelnen Teammitglieder wie kultureller Hintergrund oder anderes Geschlecht reichen nicht aus. Sie müssen auch alle das Bewusstsein für die Vielfalt mitbringen. Ein Team ist am erfolgreichsten, wenn Unterschiede und Ähnlichkeiten genutzt werden, um Aufgaben zu lösen und gemeinsame Ziele zu erreichen. Im folgenden Modell werden 4 Felder betrachtet. Die Haltung in Bezug auf Diversity, die Wechselwirkung zwi-

---

54 Vgl. Lüthi, Erika, Oberpriller, Hans, Loose, Anke, Orths, Stephan: Teamentwicklung mit Diversity Management. Methoden-Übungen und Tools, 3. Auflage, Bern, Stuttgart, Wien, 2013, S. 29–34

55 Vgl. Emmerich, Astrid, Krell, Gertraude: Diversity-Trainings: Verbesserung der Zusammenarbeit und Führung einer vielfältigen Belegschaft, in: Krell, Gertraude (Hrsg.): Chancengleichheit durch Personalpolitik. Gleichstellung von Frauen und Männern in Unternehmen und Verwaltungen. Rechtliche Regelungen – Problemanalysen - Lösungen, 3. Auflage, Wiesbaden, 2001, S. 427–429

schen Unterschieden und Ähnlichkeiten der Teammitglieder, das gemeinsame Ziel und die Resonanz, die in der Abbildung 5 zu sehen sind. Das Teamentwicklungsmodell soll von der Organisation je nach Ausgangslage individuell eingesetzt werden. Die Grundlage ist trotzdem das Feld "Haltung". Das Team muss sich kennenlernen und das Bewusstsein für Diversity muss geschaffen werden, damit die ganze Zusammenarbeit funktioniert.

Abbildung 5: Teamentwicklungsmodell
Quelle: Lüthi, Erika, Modell, http://www.diversity-teamentwicklung.com/modell.html, Stand 13.06.2016 10:00 Uhr

4.4.1 Haltung

Jeder Mensch hat seine bewussten und unbewussten Werte und Grundhaltungen im Leben. Damit die Mitarbeiter in einem Team aber bewusst mit Unterschieden und Ähnlichkeiten umgehen können, beschäftigen sie sich im ersten Feld mit Fragen wie sich die Unterschiede der anderen Teammitglieder auf sie einwirken, wie jeder einzelne sich unterscheidet, welche Werte sie haben oder welche Ähnlichkeiten untereinander zu erkennen sind. Damit soll das Schubladendenken verhindert werden. Sich bewusst mit der eigenen Identität zu beschäftigen und mit den Unterschieden und der Vielfalt der anderen Menschen, kann als Diversity-Bewusstsein bezeichnet werden. Gerade die gemeinsame Erkundung unterstützt hierbei die Zusammenarbeit und Motivation der Teammitglieder.

Das Feld "Haltung" ist in 2 Teile aufgeteilt. Der erste Teil ist das Erkennen der eigenen Werte und der Identität und die daraus folgenden Schwächen und Stärken. Die Teammitglieder sollen sich zuerst kennenlernen und bewusst auf die Unterschiede der anderen konzentrieren. Danach werden der Umgang mit den eigenen Unterschieden und die der anderen widergespiegelt und versucht das Neue in seine eigenen Werte zu integrieren. Zum Schluss soll die neue Sichtweise für die Teammitglieder als Potenzial dienen, dass sie zukünftig nutzen können. Im zweiten Teil soll die Vielfalt entdeckt werden. Durch die Reflexion der neuen Sichtweisen, sollen nicht nur die Unterschiede erkannt werden, sondern auch die Gemeinsamkeiten, auf die sich die Mitarbeiter normalerweise automatisch fokussieren. Durch die bewusste Wahrnehmung der eigenen Identität, soll zusätzlich mehr Platz für Neues geschaffen werden.

4.4.2 Wechselwirkung

Im 2.Feld geht es um den positiven Umgang mit Unterschieden und Konflikten im Team. Dabei stellen die Teammitglieder sich unter anderem Fragen wie die Unterschiede zum Vorteil genutzt werden können oder wo sie stören, welche Ähnlichkeiten vorhanden sind oder wo sich das Team ergänzt. Durch die Wechselwirkung von Unterschieden und Gemeinsamkeiten, kann das Vertrauen untereinander gesteigert werden. Positive und negative Emotionen, die bei den Mitarbeitern dabei auftreten, gehören zu der Wechselwirkung dazu. Durch die Kommunikation im Team und den Umgang untereinander entsteht eine ganz eigene Teamkultur mit eigenen Regeln und einer gemeinsamen Identität, wodurch der Zusammenhalt intensiviert wird und die Motivation der Teammitglieder ansteigt.

Nun kann das Team die Vorteile der Wechselwirkung nutzen und Abmachungen über eine weitere Zusammenarbeit treffen. Außerdem können Regeln formuliert werden, wie sich das Team bei künftigen Konflikten verhalten will. Dadurch ist die Kommunikation am Ende besser und Resonanzen werden mehr respektiert.

4.4.3 Ziel

Im dritten Feld handelt es sich um die gemeinsamen Aufgaben und Ziele des Teams, der Identifikation des Ziels oder um die Herausforderungen, die dabei entstehen. Das Ziel stellt dabei eine hohe Wichtigkeit zur Teamentwicklung dar, weil die Teammitglieder gezwungen sind, sich den Herausforderungen zu stellen und ein gemeinsamer Wunsch entsteht, dieses Ziel so gut wie möglich zu meistern. Durch den Weg dorthin wächst das Team zusammen und die einzelnen Teammitglieder werden motiviert, da sich jeder Einzelne mit seiner individuellen Vielfalt einbringen kann. Das heißt die Organisation bzw. die Führungskraft muss ein Ziel vorgeben, das für das Team herausfordernd genug ist, sodass sie den Nutzen für sich sehen und dadurch angespornt werden. Es gibt Teams, die nur für ein Projekt gegründet werden und sich nach dem Erreichen des Ziels wieder auflösen. Bei den Teams, die aber langfristig zusammenarbeiten, ist es vor allem wichtig, dass ihr großes Ziel immer vor Augen geführt wird und Teilziele gesetzt werden, um die Motivation weiterhin aufrechtzuerhalten. Die Führungskraft sollte dem Team genug Zeit geben, um sich mit dem Ziel anzufreunden, damit ein optimales Ergebnis erzielt werden kann. Außerdem sollte das Team untereinander im Vorfeld besprechen, auf welche Weise sich wer einbringen soll und darf, denn Unstimmigkeiten können sonst später zu unerwünschten Konflikten führen.

4.4.4 Resonanz

Im letzten Feld fragt sich das Team, was sich verändert hat, welche Unterschiede und Gemeinsamkeiten zur Steigerung der Teamleistung geführt haben oder welche Erfolge zu verzeichnen sind. Das Ziel der Resonanz ist, dass das Team noch stärker zusammenwächst und herausfindet, wie die Teammitglieder sich zusammen noch besser ergänzen. Die Voraussetzung hierfür ist die vorher entstandene Teamkultur, die im Kapitel 4.4.2 "Wechselwirkung" erläutert wurde, in der die einzelnen Mitarbeiter als individueller Mensch wertgeschätzt werden, aber auch als individuelles Teammitglied. Nur so können sie sich gegenseitig öffnen und durch die unterschiedlichen Blickwinkel ihren eigenen Horizont erweitern. Die Teammitglieder sollen sich in andere hineinversetzen können und sich selbst als Teil des Ganzen sehen. Ein weiteres Ziel der Resonanz ist, dass durch den Austausch mit anderen Teammitgliedern die eigenen unterschiedlichen Charakterzüge angeregt und intensiviert werden sollen. Jeder Mensch verhält sich nämlich anders in unterschiedlichen Gesprächen. Wenn beispielsweise ein eher ruhiger Mitarbeiter sich mit einem sehr lebendigen Mitarbeiter austauscht, kann es den ruhigen Mitarbeiter dazu anregen mehr aus sich herauszukommen. Daraus resultiert wieder die Verstärkung der Offenheit gegenüber den Unterschieden und Gemeinsamkeiten der anderen Mitarbeiter und soll am Ende zu neuen innovativen Lösungen bei komplexen Aufgaben für das gemeinsame Ziel dienen.[56]

4.5 Methoden zur Teamentwicklung

4.5.1 Diversity Verständnis durch Filme

Filme unterstützen das Verständnis für Diversity und erreichen die Mitarbeiter auf einer geistigen und emotionalen Ebene, indem unterschiedliche interkulturelle Situationen dargestellt werden können. So können die Mitarbeiter die diversen Kommunikationsarten und den Umgang mit anderen Kulturen durch die Beobachtung erleben und dadurch ein anderes Bewusstsein und mehr Verständnis entwickeln. Im Anschluss tauschen die Mitarbeiter ihre Ansichten und Erfahrungen untereinander aus und finden so heraus wie sie selbst zu Diversity stehen, wo es Übereinstimmungen gibt und wo noch Probleme existieren. Der Austausch soll auch helfen künftige negative Auseinandersetzungen mit dem Thema Vielfalt zu vermeiden. Bestimmte Filmsequenzen können noch einmal nachgespielt werden, um das Beobachtete zu stärken. Der Verantwortliche für die Implementierung von Diversity Management kümmert sich um das passende Filmmaterial, das am besten für die Organisation verwendet werden kann. Dabei kann er sehr kreativ sein und beispielsweise kurze Filme zeigen, in denen ein internationales Team zusammenarbeitet, wie sich zwei verschiedene Kulturen das erste Mal kennenlernen oder wie sich ein multikulturelles Team positiv entwickelt. Begleitend zum Film kann der Verantwortliche Geschenke, Plakate oder anderes Material verwenden. Durch den Film sollen die Teams besser zusammenarbeiten, die Mitarbeiter sollen für andere Kulturen und Menschen sensibilisiert werden und sie

---

[56] Vgl. Lüthi, Erika, Oberpriller, Hans, Loose, Anke, Orths, Stephan: Teamentwicklung mit Diversity Management. Methoden-Übungen und Tools, 3. Auflage, Bern, Stuttgart, Wien, 2013, S. 29–50

wertschätzen und die Führungskräfte sollen zusätzlich zum Thema Diversity motiviert werden.[57]

4.5.2 Die Feedbackkurve

Das Ziel dieser Methode ist, dass die Mitarbeiter voneinander lernen und zukünftig besser zusammenarbeiten und ihre Wahrnehmungen gegenüber anderen Mitarbeitern gestärkt werden. Jedes Teammitglied soll das bisherige Zusammenwirken des Teams in Ergebnissen, die Atmosphäre im Team, und die eigene Entwicklung positiv oder negativ bewerten und das mit Hilfe von drei unterschiedlichen Farben und einem Flipchartpapier. Als Nullbasis dient eine gerade Markierung von links nach rechts. Danach besprechen die Mitarbeiter in kleinen Teams ihre aufgemalten Ergebnisse und arbeiten die gemeinsamen Punkte heraus. Zum Schluss folgt der Feedbackprozess mit allen Teilnehmern, wobei Erkenntnisse und Ideen ausgetauscht werden. Das Team soll herausfinden, wie unterschiedlich jede Kurve bewertet wurde, welche Begebenheiten das Team in der Vergangenheit verändert hat und wie es künftig als Team stärker werden kann.[58]

---

[57] Vgl. Hecht-El Minshawi, Béatrice: Interkulturelle Kompetenz. Soft Skills für die internationale Zusammenarbeit, 2. Auflage, Weinheim, Basel, 2008, S. 143–146

[58] Vgl. Lüthi, Erika, Oberpriller, Hans, Loose, Anke, Orths, Stephan: Teamentwicklung mit Diversity Management. Methoden-Übungen und Tools, 3. Auflage, Bern, Stuttgart, Wien, 2013, S. 122

5 Diversity Management in der Praxis: Ford-Werke GmbH

Die Ford-Werke GmbH ist bereits seit den 1950er Jahren für ihre ethnisch vielfältige Belegschaft bekannt. Als damals die Türken als Gastarbeiter angeworben wurden, ergriff das Unternehmen von selbst aus Maßnahmen, um die Gastarbeiter besser zu integrieren, damit sie sich wohlfühlen. Es wurde beispielsweise in der Kantine Mittagessen ohne Schweinefleisch angeboten oder es wurden Sprachkurse offeriert. Offiziell befasst sich Ford seit 1996 mit Diversity Management und es wurde auf die deutschen Rahmenbedingungen angepasst und die vier Hauptpunkte Marketing und Kundengruppen, Produktgestaltung, Unternehmenskultur und Community Involvement dem Business Case zugeordnet. Diversity Beauftragte führten das Awareness-Training mithilfe von theoretischem Wissen, aber auch anhand von Praxisbeispielen ein, damit alle Mitarbeiter im Unternehmen verstehen konnten, was Diversity ist und warum Ford sich damit auseinandersetzte.

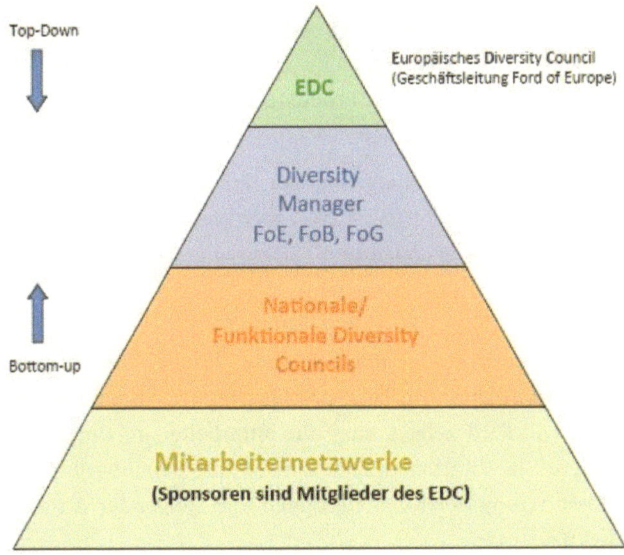

Abbildung 6: Diversity Hierarchie bei Ford
Quelle: Kasztan, in: Hansen (Hrsg.), CSR und Diversity Management, Berlin, Heidelberg, 2014, S. 231

Organisatorisch ist das Diversity Management fest bei Ford integriert, damit der Grundgedanke der Vielfalt einheitlich im ganzen Unternehmen kommuniziert werden kann. An der Hierarchiespitze ist die europäische Geschäftsleitung von Ford, gefolgt von dem Diversity Manager, darunter das Diversity Gremium und zum Schluss die Mitarbeiternetzwerke. Die europäische Geschäftsleitung bestimmt jährlich die übergeordneten Ziele für Diversity. Das europäische Diversity Gremium tagt alle drei Monate und die Ziele, die ausgearbeitet werden, werden von den Diversity Managern an die gesamte Organisation weitergegeben. Jeder Bereich ist dabei selbst für die Umsetzung verantwortlich, wobei die Diversity Manager in der Not immer zur Seite stehen. Diversity Gremien, die national und funktional aufgeteilt sind, sind bei der Integration der Ziele in ihren Bereichen behilflich. Außerdem sind diverse Mitarbeiternetzwerke wie Frauennetzwerke, Schwulen-, Lesben- und Bisexuelle Netzwerke oder Netzwerke türkischstämmiger Menschen vertreten, die das Fundament von Ford bilden. Die Mitgliedschaft ist freiwillig und solange sie sich an die Grundregeln von Ford halten, dürfen sie ihre Ziele selbst bestimmen. Die europäische Geschäftsleitung unterstützt die Mitarbeiternetzwerke, indem sie sich 2 Mal im Jahr treffen, um gegebenenfalls Diversity Methoden durchzusetzen. Im Folgenden werden die 4 Hauptpunkte Marketing und Kundengruppen, Produktgestaltung, Unternehmenskultur und Community Involvement vorgestellt.

Auch bei Ford wird versucht die Vielfalt der Kunden und Märkte in den Mitarbeitern widerzuspiegeln, womit das Ansprechen bestimmter Zielgruppen und die Erweiterung der Kundengruppen und Märkte angestrebt werden. Ford steht zu dem Diversity Gedanken und setzt diese bewusst ein. Beispiele dafür sind Verkaufsaktionen, bei denen türkischstämmige Mitarbeiter für die Zielgruppe türkischer Menschen eingesetzt werden und dadurch mehr Umsatz generieren oder homosexuelle Mitarbeiter, die Ford am Christopher Street Day repräsentieren dürfen. Damit will Ford zeigen, dass alle Mitarbeiter im Unternehmen wertgeschätzt werden. Die Mitarbeiter haben mehr Anerkennung und Ford profitiert durch die Erweiterung der Kundengruppen und steigender Attraktivität als Arbeitgeber bei Bewerbern.

Das Thema Vielfalt im Team ist bei Produkten, die international angeboten werden, essentiell. Insbesondere Frauen werden bei Ford stark gefördert, da sie wie in allen technischen Berufen in der Unterzahl sind. Sie werden bei der Entwicklung von neuen Produkten involviert, um auch Frauen als Zielgruppe anzusprechen. Außerdem werden Informationsveranstaltungen und Praktika für Mädchen und junge Frauen angeboten, die von den Frauennetzwerken unterstützt werden. So bekommen sie die Möglichkeit, einen besseren Einblick in die technischen Berufe zu gewinnen, um anschließend eine Ausbildung oder ein Studium bei Ford zu beginnen. Die Frauenquote im technischen Bereich bei Ford ist in den letzten Jahren bis auf 20 % angestiegen, wohingegen in anderen Unternehmen die Durchschnittsquote bei 5 % liegt.

Ford legt einen sehr hohen Wert auf die Integration von Diversity Management in der Unternehmenskultur, damit sich alle Mitarbeiter wohlfühlen und sich mit dem Unternehmen identifizieren können. Seit 2002 hat Ford das Thema Diskriminierung mit in die Betriebsvereinbarungen aufgenommen und klar definiert was für ein Verhalten am Arbeitsplatz erwünscht ist und mit welchen negativen Folgen bei Verstößen zu rechnen ist. Darüber hinaus werden Beratungsstellen angeboten, damit die Mitarbeiter im Fall einer Diskriminierung oder Belästigung einen Ansprechpartner haben. Außerdem dienen sie als präventive Maßnahme, die dazu geführt haben, dass bei so vielen Mitarbeitern bis heute noch kein Gerichtsverfahren in Bezug auf Diskriminierung stattgefunden hat. Um nicht nur den Diversity Gedanken, sondern auch den aktiven Einsatz in Bezug auf Diversity zu fördern, verleiht Ford einmal im Jahr eine Auszeichnung namens Chairmans's Leadership Award for Diversity. Jeder Mitarbeiter kann nominiert werden und das europaweit. Auch hier liegt der Fokus in der Wertschätzung des Mitarbeiters.

Wie der Name Community Involvement es schon sagt, will Ford nicht nur hervorragende Produkte und Dienstleistungen intendieren, sondern auch die Welt verbessern, indem Ford über die Firma hinaus auch Verantwortung für die Gesellschaft übernimmt. Sie wollen ihr Unternehmen mit in das regionale Umfeld integrieren und es aufwerten, durch die Förderung von freiwilligem Engagement die Unternehmenskultur stärken und ihr Image intensivieren. Seit 2000 engagiert sich Ford für diverse nachhaltige Projekte, bei denen alle Mitarbeiter freiwillig ihre Arbeitskraft zur Verfügung stellen können und für zwei Tage im Jahr von Ford bezahlt freigestellt werden. Die Projekte umfassen Bereiche wie Naturschutz, Soziales und Gesundheit, Bildung, Kunst und vieles mehr. Die Teilnahmebereitschaft der Mitarbeiter ist sehr hoch, denn über achthundert Mitarbeiter nehmen jährlich an über hundert Projekten teil. Selbst ehemalige Ford Mitarbeiter, die jetzt im Ruhestand sind, werden miteinbezogen, wenn sie wollen. Parallel zu den Projekten setzen sie sich für blinde Menschen ein, indem sie mit ihnen in Begleitung von Fahrlehrern auf einem Testgelände Autofahren oder türkische Jugendliche zum Thema Spiel- und Drogensucht beraten. Ford wurde außerdem für besonderes Engagement vom Kölner Bürgermeister ausgezeichnet. All diese Maßnahmen sind eine große Bereicherung sowohl für die Gesellschaft, als auch für Ford und ihre Mitarbeiter. Für Ford ist Diversity Management von essenzieller Bedeutung, was die Mitarbeiter laut einer Umfrage bestätigten.[59]

---

[59] Vgl. Kasztan, Brigitte: Vielfalt als Stärke: Diversity bei der Ford-Werke GmbH. in: Hansen, Katrin (Hrsg.): CSR und Diversity Management. Erfolgreiche Vielfalt in Organisationen, Berlin, Heidelberg, 2014, S. 229–238

6 Fazit

Auf der Basis der beschriebenen Aspekte kommt der Autor zu der Schlussfolgerung, dass alle Beteiligten einer Organisation durch die Implementierung von Diversity Management einen erheblichen Vorteil genießen. Vielfältige Teams tragen in hohem Maß dazu bei.

Der Führungskraft wird bei der Implementierung von Diversity Management eine immense Bedeutung zugeschrieben. Sie bringt den Stein ins Rollen und dient als Wegbegleiter, egal, um welchen Prozess es sich im konkreten handelt. Die Führungskraft dient stets als Vorbild und ist für die Kommunikation und Verbreitung des Diversity Gedankens zuständig, die von elementarer Bedeutung sind. Die offene Kommunikation von Diversity innerhalb und außerhalb der Organisation, der geeignete Diversity Ansatz, die strategische Verknüpfung von Diversity Management und den Organisationszielen und die Umsetzung der Instrumente und Maßnahmen gehören zu den Grundprozessen der Implementierung von Diversity Management in Organisationen.

Der Diversity Gedanke ist vor allem bei der Zusammenführung von vielfältigen Mitarbeitern innerhalb der Organisation wichtig und wenn die Diversity Dimensionen den bestehenden Mitarbeitern näher gebracht werden sollen. Ein erfolgreich zusammengewachsenes Team, dass das Bewusstsein für Diversity erlangt hat, Unterschiede und Ähnlichkeiten als Potenzial sieht und ein gemeinsames Ziel verfolgt, hat einen enormen, positiven Einfluss auf die Organisation. Das Awareness-Training und Skill-Building-Training bilden hierbei die Schlüsselqualifikationen. Die Organisation profitiert einerseits finanziell davon, da sie durch ihr vielfältiges Potenzial neue Kunden und Märkte gewinnt und zu schnelleren Lösungsfindungen kommt. Andererseits wird das Image der Organisation angehoben und die Mitarbeiter fühlen sich wohl und wertgeschätzt, so, wie sie sind.

In der Fachliteratur sind viele gute Instrumente und Maßnahmen als Hilfswerkzeug für die direkte Umsetzung von Diversity Management zu finden. In dieser Bachelor Thesis wurde dabei auf die Diversity Analyse, die 4-R-Methode, die Instrumente für die Diversity Dimensionen, das anonyme Bewerbungsverfahren, die interkulturellen Kompetenzen, das Diversity Verständnis durch Filme und die Feedbackkurve eingegangen. Somit müssen die Organisationen nicht erst mühsam etwas Neues kreieren und haben konkrete Tools zur Hand. Anhand der Ford-Werke GmbH wird die Theorie mit der Praxis verknüpft und es ist festzustellen, dass Diversity elementar für Ford ist und dort der Mensch als Individuum im Mittelpunkt steht.

Aus der Fachliteratur ist weiterhin zu entnehmen, dass Diversity Management in Deutschland hauptsächlich in den großen Unternehmen und vor allem in den international tätigen Firmen vorzufinden ist. Kleine und mittelständische Unternehmen sind leider noch wenig damit vertraut, da es noch einige Zeit brauchen wird, bis das ursprünglich amerikanische Konzept in Deutschland eine Selbstverständlichkeit erreicht. Außerdem lässt anhand der Ford-Werke GmbH ableiten, dass das Diversity Management organisatorisch fest integriert und kontinuierlich kommuniziert werden muss und dies zu Beginn eine echte Herausforderung darstellen kann, sowohl für Führungskräfte, als auch die Mitarbeiter.

Abschließend ist festzuhalten, dass durch die Multikulturalität in Deutschland langfristig kein Weg an Diversity Management vorbeiführt, wenn eine Organisation erfolgreich am Wettbewerb teilnehmen will

Literaturverzeichnis

Bendl, Regine, Hanappi-Egger, Edeltraud, Hofmann, Roswitha: Diversität und Diversitätsmanagement: Ein vielschichtiges Thema. In: Bendl, Regine, Hanappi-Egger, Edeltraud, Roswitha Hofmann (Hrsg.): Diversität und Diversitätsmanagement, Wien, 2012, S. 11–19

Bürger, Michaela: Champions League für Manager - Erfolg durch Vielfalt. Starke Teams durch Diversity-Management. Ein Trainerleitfaden. Wiesbaden, 2014

Ditzel, Ulrike, Das Diversity Management in Deutschland, Hamburg, 2015

Emmerich, Astrid, Krell, Gertraude: Diversity-Trainings: Verbesserung der Zusammenarbeit und Führung einer vielfältigen Belegschaft, in: Krell, Gertraude (Hrsg.): Chancengleichheit durch Personalpolitik. Gleichstellung von Frauen und Männern in Unternehmen und Verwaltungen. Rechtliche Regelungen – Problemanalysen - Lösungen, 3. Auflage, Wiesbaden, 2001, S. 421–442

Franke, Uwe: Warum setzen deutsche Unternehmen auf Diversity? Diversity als Chance. Die Charta der Vielfalt der Unternehmen in Deutschland, in: Dettling, Daniel, Gerometta, Julia (Hrsg.): Vorteil Vielfalt. Herausforderungen und Perspektiven einer offenen Gesellschaft, Wiesbaden, 2007, S. 23–30

Franken, Swetlana: Personal: Diversity Management. Wiesbaden, 2015

Gezer, Sevgi: Allgemeine Fallstudien zum Diversity Management. Umgang mit Vielfalt an der Universität UMBRA, in: Vedder, Günther, Göbel, Elisabeth, Krause, Florian (Hrsg.): Fallstudien zum Diversity Management, München, Mering, 2011, S. 91-112

Hansen, Katrin: CSR und Diversity, in: Hansen, Katrin (Hrsg.): CSR und Diversity Management. Erfolgreiche Vielfalt in Organisationen, Berlin, Heidelberg, 2014, S. 1–52

Hansen, Katrin, Müller, Ursula: Diversity in Arbeits- und Bildungsorganisationen. Aspekte von Globalisierung, Geschlecht und Organisationsreform, in: Belinszki, Eszter, Hansen, Katrin, Müller, Ursula (Hrsg.): Diversity Management. Best Practices im internationalen Feld, Band 2, Münster, 2003, S. 9–60

Hecht-El Minshawi, Béatrice: Interkulturelle Kompetenz. Soft Skills für die internationale Zusammenarbeit, 2. Auflage, Weinheim, Basel, 2008

Hermann, Anett: Diversitätsmanagement in Teams, in: Bendl, Regine, Hanappi-Egger, Edeltraud, Roswitha Hofmann (Hrsg.): Diversität und Diversitätsmanagement, Wien, 2012, S. 265–293

Kasztan, Brigitte: Vielfalt als Stärke: Diversity bei der Ford-Werke GmbH. in: Hansen, Katrin (Hrsg.): CSR und Diversity Management. Erfolgreiche Vielfalt in Organisationen, Berlin, Heidelberg, 2014, S. 229–238

Klammer, Ute; Ganseuer, Christian: Diversity Management. Kernaufgabe der künftigen Hochschulentwicklung, Münster, New York, 2015

Köper, B., Siefer, A., Beermann, B.: Geschlechtsspezifische Differenzierung von BGF-Konzepten, in: Badura, Bernhard, Schröder, Helmut, Klose, Joachim, Macco, Katrin (Hrsg.): Fehlzeiten-Report 2010. Vielfalt managen: Gesundheit fördern - Potenziale nutzen. Zahlen, Daten, Analysen aus allen Branchen der Wirtschaft, Berlin, Heidelberg, 2010, S. 215–223

Krell, Gertraude: Chancengleichheit durch Personalpolitik: Von "Frauenförderung" zu "Diversity Management", in: Krell, Gertraude (Hrsg.): Chancengleichheit durch Personalpolitik. Gleichstellung von Frauen und Männern in Unternehmen und Verwaltungen. Rechtliche Regelungen – Problemanalysen - Lösungen, 3. Auflage, Wiesbaden, 2001, S. 17–38

Lüthi, Erika, Oberpriller, Hans, Loose, Anke, Orths, Stephan: Teamentwicklung mit Diversity Management. Methoden-Übungen und Tools, 3. Auflage, Bern, Stuttgart, Wien, 2013

Mensi-Klarbach, Heike: Der Business Case für Diversität und Diversitätsmanagement, in: Bendl, Regine, Hanappi-Egger, Edeltraud, Roswitha Hofmann (Hrsg.): Diversität und Diversitätsmanagement, Wien, 2012, S. 299–323

Misch, B., Koall, I.: Die Integration von Gender und Diversity Management im Betrieblichen Gesundheitsmagement - Ansätze zur Implementierung eines Gender- und Diversity-gerechten Betrieblichen Gesundheitsmanagement, in: Badura,

Möller, Susanne: Erfolgreiche Teamleitung in der Pflege, Berlin, Heidelberg, 2013

Niehaus, M., Vater, G.: Aktueller Stand der Umsetzung des Betrieblichen Eingliederungsmanagement, in: Badura, Bernhard, Schröder, Helmut, Klose, Joachim, Macco, Katrin (Hrsg.): Fehlzeiten-Report 2010. Vielfalt managen: Gesundheit fördern - Potenziale nutzen. Zahlen, Daten, Analysen aus allen Branchen der Wirtschaft, Berlin, Heidelberg, 2010, S. 189–195

Ortlieb, R., Sieben, B.: Beschäftigte mit Migrationshintergrund in der Berliner Wirtschaft: Empirische Befunde zu Personalstrukturen, -praktiken und – strategien, in: Badura, Bernhard, Schröder, Helmut, Klose, Joachim, Macco, Katrin (Hrsg.): Fehlzeiten-Report 2010. Vielfalt managen: Gesundheit fördern - Potenziale nutzen. Zahlen, Daten, Analysen aus allen Branchen der Wirtschaft, Berlin, Heidelberg, 2010, S. 121–128

Rastetter, Daniela: Managing Diversity in Teams: Erkenntnisse aus der Gruppenforschung, in: Krell, Gertraude, Wächter, Hartmut (Hrsg.): Diversity Management. Impulse aus der Personalforschung, München, Mering, 2006, S. 81–108

Sanchez Marin, Kirsten: Führungs(kräfte)aufgabe Diversity Management, in: Schwuchow, Karlheinz, Gutmann, Joachim (Hrsg.): Personalentwicklung. Themen, Trends, Best Practices 2014, Freiburg, 2013, S. 52–64

Sporket, M.: Altersmanagement in der betrieblichen Personalpolitik, in: Badura, Bernhard, Schröder, Helmut, Klose, Joachim, Macco, Katrin (Hrsg.): Fehlzeiten-Report 2010. Vielfalt managen: Gesundheit fördern - Potenziale nutzen. Zahlen, Daten, Analysen aus allen Branchen der Wirtschaft, Berlin, Heidelberg, 2010, S. 163–174

Steuer, Linda: Gender und Diversity in MINT-Fächern. Eine Analyse der Ursachen des Diversity-Mangels, Wiesbaden, 2015

Stuber, Michael: Die Umsetzung von Diversity in Europa, in: Belinszki, Eszter, Hansen, Katrin, Müller, Ursula (Hrsg.): Diversity Management. Best Practices im internationalen Feld, Band 2, Münster, 2003, S. 130–154

Süß, Stefan, Kleiner, Markus: Diversity Management: Verbreitung in der deutschen Unternehmenspraxis und Erklärungen aus neoinstitutionalistischer Perspektive, in: Krell, Gertraude, Wächter, Hartmut (Hrsg.): Diversity Management. Impulse aus der Personalforschung, München, Mering, 2006, S. 57–80

Vedder, Günther: Die historische Entwicklung von Diversity Management in den USA und in Deutschland, in: Krell, Gertraude, Wächter, Hartmut (Hrsg.): Diversity Management. Impulse aus der Personalforschung, München, Mering, 2006, S. 2–20

Warmuth, Gloria-Sophia: Die strategische Implementierung von Diversitätsmanagement in Organisationen, in: Bendl, Regine, Hanappi-Egger, Edeltraud, Roswitha Hofmann (Hrsg.): Diversität und Diversitätsmanagement, Wien, 2012, S. 203–233

Watrinet, Christine: Indikatoren einer diversity-gerechten Unternehmenskultur, Karlsruhe, 2008

Wegge, Jürgen, Schmidt, Klaus-Helmut: Diversity Management. Generationenübergreifende Zusammenarbeit fördern, Göttingen, 2015

Quellenverzeichnis

Gräfin von Hardenberg, Aletta: Über die Charta, o.J., http://www.charta-der-vielfalt.de/charta-der-vielfalt/ueber-die-charta.html, 13.06.16 10:00 Uhr

Bürgerliches Gesetzbuch, Stand: 22.Juli 2013, Allgemeines Gleichbehandlungsgesetz (AGG), Vom 14.August 2006, 72.Auflage, S.737

Statista GmbH: Statistiken und Umfragen zum Thema Migrationshintergrund, o.J., http://de.statista.com/themen/380/migrationshintergrund/, 13.06.16 10:00 Uhr